廃墟探訪

［著述］中田薫
［写真］関根虎洸＋中筋純

二見書房

廃墟探訪 目次

まえがきにかえて

妖しの廃墟を訪ねて

廃墟を見つづけて何年になるだろうか。

そもそも筆者が廃墟を探訪するようになったのは、月刊誌『GON!』（ミリオン出版）において、同誌の創刊編集長・比嘉健二氏の特命を受けたのがきっかけだった。『富士の樹海にやってきた自殺者を止める』という無茶な企画に氏やカメラマンとともに出かけた折、帰り道の国道一三九号線でポツンと佇むドライブインの廃墟を、そこに見つけたのである。

雨に濡れそぼつ樹海の廃墟に侵入し、ああだこうだと廃れた建物の前史を推理するというのは実に楽しく、また新鮮な体験だった。その建物の来歴《らいれき》は知らずとも、見る側の想像をかきたて、怖がらせたり面白がらせたりする妖《あや》しの廃墟を探訪するというのは、一冊のミステリーを読むにも勝る興趣がある。

実際、こんな富士の樹海という人里離れた場所のみならず、鬼気、妖気《ようき》を発する年代ものの廃墟というのは、我々の身近にも少なからずあるだろう。さらには、こうした物件が廃墟に至った経緯を調べることができれば、企画としてなお面白いのではないか。こんな発想が廃墟探訪の始まりだったのである。

樹海の隣にポツンと佇むドライブインの廃墟。すべては、この物件に足を踏み入れたことから始まった。記念すべき第一号廃墟である。

廃墟の面白さ、その怪異の源はどこにあるのかといえば、おそらくは周囲の環境と照らしての際立《きわ》った相違であり、恐ろしげな外観や、見るからに怪しげな佇いに求めることができるだろう。断っておくが、けっしてこれらの内部で酸鼻《さんび》な事件が起こったわけではない。だが、見る者にそのように想像させるネガティブなパワーが廃墟にはある。

いわゆる街の噂として語られるお化け屋敷というのは、無実の罪を蒙《こうむ》っている物件がほとんどだが、これも歳月を経て異様な雰囲気を次第に醸成させていった無人家屋の成せる技というものである。建物の細部にまで住んでいた者たちの私念が宿り、トポスにパトスがとどまっている所以かも知れない。

こうして数年——。この間に筆者が訪れた廃墟は、一〇〇件を超えた。北は青森から南は沖縄まで、全国津々浦々、実にさまざまな廃墟物件を見てきた。地元民から幽霊が出ると噂されるお化け屋敷、浮浪者が住み着くマンション廃墟、幾多の人の臨終をみとったサナトリウム廃墟などなど。

この一冊には、筆者がこれまで探訪してきた廃墟の中でも、とくに思い出深く、味わい深い物件を選りすぐって掲載した。廃墟巡りの楽しさ、廃墟の美しさ、廃墟の恐ろしさなど、廃墟のさまざまな魅力をこの本を通じて体験していただければ幸いである。

——2002年10月　中田薫

［造本］中田薫 / **EXIT**
［写真］関根虎洸（P1 / P6 / P10-45 / P56-79 / P134-152）
中筋純（P2-5 / P9 / P46-55 / P80-129）
［協力］中村浩之＋武田留美子＋和知勝（P130-132）＋ミリオン出版
［初出］『GON!』（ミリオン出版）1995年12月号〜1999年4月号
『現代怪奇解体新書』（宝島社）別冊宝島415

廃墟探訪

RUIN FILE No.01

高台のサイコアパート廃墟

1996年4月23日（火）曇

高台に望むサイコの館
なぜか一号室の扉だけが開いて……

春雨に濡れそぼつその姿は、まさに映画で見たあのベイツ・モーテルそのもの。ひと部屋ずつ中を覗けば、和琴にハサミ、三面鏡に女性もののサンダルなどなど、サイコなニオイがプンプン。どの部屋の扉も固く閉ざされ、中への侵入はできなかったが、最後の扉、一号室のドアノブを回してみると……!!

■東京都八王子市台町

怪奇な雰囲気を醸しだすその廃墟は、あたかもギリシャのオリンポス神殿のように、周囲を一望に見渡せる高台にあった。こいつァ、スゲエ。しかし、こんな風景どこかで見たなぁ……あれは、サイコ？ そうだ、あのベイツ・モーテルだ!! 雨上がりに妖しく濡れそぼつその姿は、まさにヒッチコックの世界。

目の前まで来ると、まず廃墟自身が放つ澱《よど》みのある迫力に驚かされる。しっとりと雨を吸った灰色のコンクリートは黒味を増し、所々ヒビ割れた部分は崩落、鉄でできたところはすべて赤褐色《せきかっしょく》の鉄粉を噴いている。階段の踊り場も老朽化によってコンクリートが落盤寸前。人がひとり乗っただけで、ガラガラと崩れてきそうな怖さがある。

ええい、ままよ！ 我々は意を決して階段を上った。グイグイと足に体重をかけてみるとコンクリートがへこむ。手すりにもたれかかろうものなら、アメリカン・コミックよろしく地面に人型の穴を開けることになるだろう。前人未到の山を征服したような気分でようやく屋上に上がると、我々はさらに驚かされた。目の前に広がるのは墓、墓、墓の群れ!! 下を見ると、三階建ての二階中腹部まで墓地との境界によって土手が盛られてある。せっかく高台にあるのに、窓を開けても見えるのは土の壁、そして墓。最悪のアパートだ。今度は内部を確認して回ろうと、ひと部屋ずつドアノブを回していく。しかし案の定、カギがかけられていて入ることができない。かろうじてドアの新聞受けから内部を見ることができたが、女性もののサンダルが無造作に転がっていたり、ハサミや鏡が散乱していたりと、どの部屋もどこかサイコじみてて恐ろしい。そして、私たちが一階一号室を最後に帰ろうとしたところだった。ドアノブに手をかけるとガチャリと開く。あっ……!!

その一号室は臭かった。何の匂いだろうか。床は抜け落ち、ガラスは割れている。そして何よりも不気味なのは部屋の真ん中にポツンと置かれた和琴と三面鏡。所々に汚いナベやバケツがあるのは、浮浪者が住んだ形跡だろうか。果たして、この予想は当たっていた。実はその後の地元聞き込み調査で、先日まさに女の浮浪者の死体がこの部屋から発見されたのだという……。

鉄でできた部分は腐食ですべて崩壊しているため、鉄柵もなくなり実に危険。

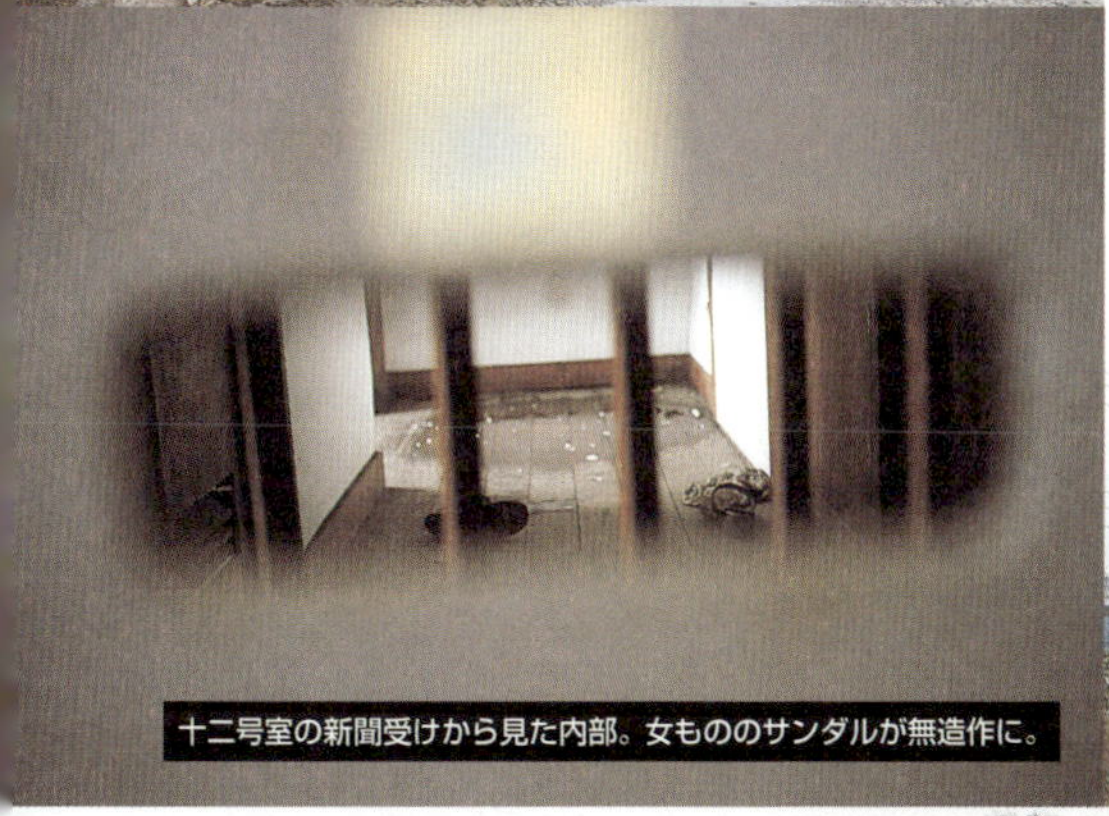

十二号室の新聞受けから見た内部。女もののサンダルが無造作に。

外壁のコンクリートも力を込めればボロリと崩れて非常に危うい。やっと建っているという状態である。

屋上に上がっても見えるのはこんな風景。眼前に墓地が広がるだけである…。

謎の一号室居室部分。床は抜け落ちてガラスは割れている。部屋にポツンと置かれた三面鏡が不気味。床穴はゴミだらけ。

浮浪者が寝ていたと思われるマットレスがあった。床板が何カ所も剥がされているが、何かを隠しておくためだったらしい。

浮浪者はキレイ好きだったのか。生活道具はそれなりに整理整頓されていた。

一号室の風呂場。こりゃ狭い。後日この場所で浮浪者が死んでいたことが判明。

RUIN FILE No.02

練馬の浮浪者製造廃墟

1997年5月16日（金）晴

家屋が廃墟になる過程……
人が浮浪者になる道程……

夜な夜な不気味な念仏を唱える声が聞こえるという噂の廃墟に来てみれば、そこにひとりの浮浪者がいた。厭世《えんせい》観に囚われ、いまだ抜け出せずにいるこの男が語る家の没落、そして人生の転落。家はなぜ廃墟になるのか、人はなぜ浮浪者になるのか？　そんな疑問にひとつの回答を示す物件があった。

■東京都練馬区練馬

毎晩お経を詠む声が聞こえる不気味な廃墟が豊島園にあるという情報を得た我々は、さっそく現地に直行した。場所は、豊島園からほど近い踏切のすぐ傍。

建物の周囲を見れば、辺り一面は雑草が生い茂り、内部は夢の島と化していた。割れたガラスからは、中に捨てられたゴミの臭気が漂ってきて非常に臭い。玄関部に散在している工具類や看板から、ここは元ブリキ屋であったことが推測できた。ふと二階の窓辺を見上げれば靴下が干してあり、中から水を流す音も聞こえてくる。ガラスのすき間から中の様子をソッとうかがうと、一人の長髪の男が裸になって体を洗っているではないか。なるほど、コイツがお経を詠んでいるという浮浪者だ。

男は我々の気配に気づくと姿を隠し、しばらく居留守をキメこんでいたが、我々の呼びかけに投降し、ついにその姿を現わした。黒いコートにシミだらけのズボン、乱れた長髪、欠けた前歯。オレは浮浪者じゃないと言い張るが、この男、どこから見ても浮浪者。しかし、彼の主張することもあながち嘘ではなかった。なんと、この廃墟は彼の自宅だったのだ。だが、なぜ家も男も、ここまで荒んでしまったのだろうか。

販売員、整備士、警備員などの職を転々としたものの、一向に生活が向上しないことに将来の不安を覚え、大病も患《わずら》い、次第に大きな無気力感に囚《とら》われていったという男。ブリキ屋を営んでいた父親が死んでから家に戻ったが、仕事もせず、暗い部屋に閉じこもっていると、さらに厭世的な考えが頭の中を支配するようになっていった。家そのものも、中学生が線路の敷石を投げ込んではガラスを割っていくというイタズラをされるようになり、その割れ目から今度はゴミが捨てられるようになって、ここまで荒れ果てたという。父親の死後たったの二年で、家も彼もここまで荒廃したのだ。だが、精神の崩壊《ほうかい》の危険を感じた彼は、これではいけないと某宗教団体に入信。一心不乱に読経するようになったのだという。

家屋が廃墟になる過程、人が浮浪者になる道程。我々は、この問いに一つの模範的解答を今回の物件に見いだした。人にも廃墟にも、十人十色さまざまな事情があるものである。世の中って、深い……。

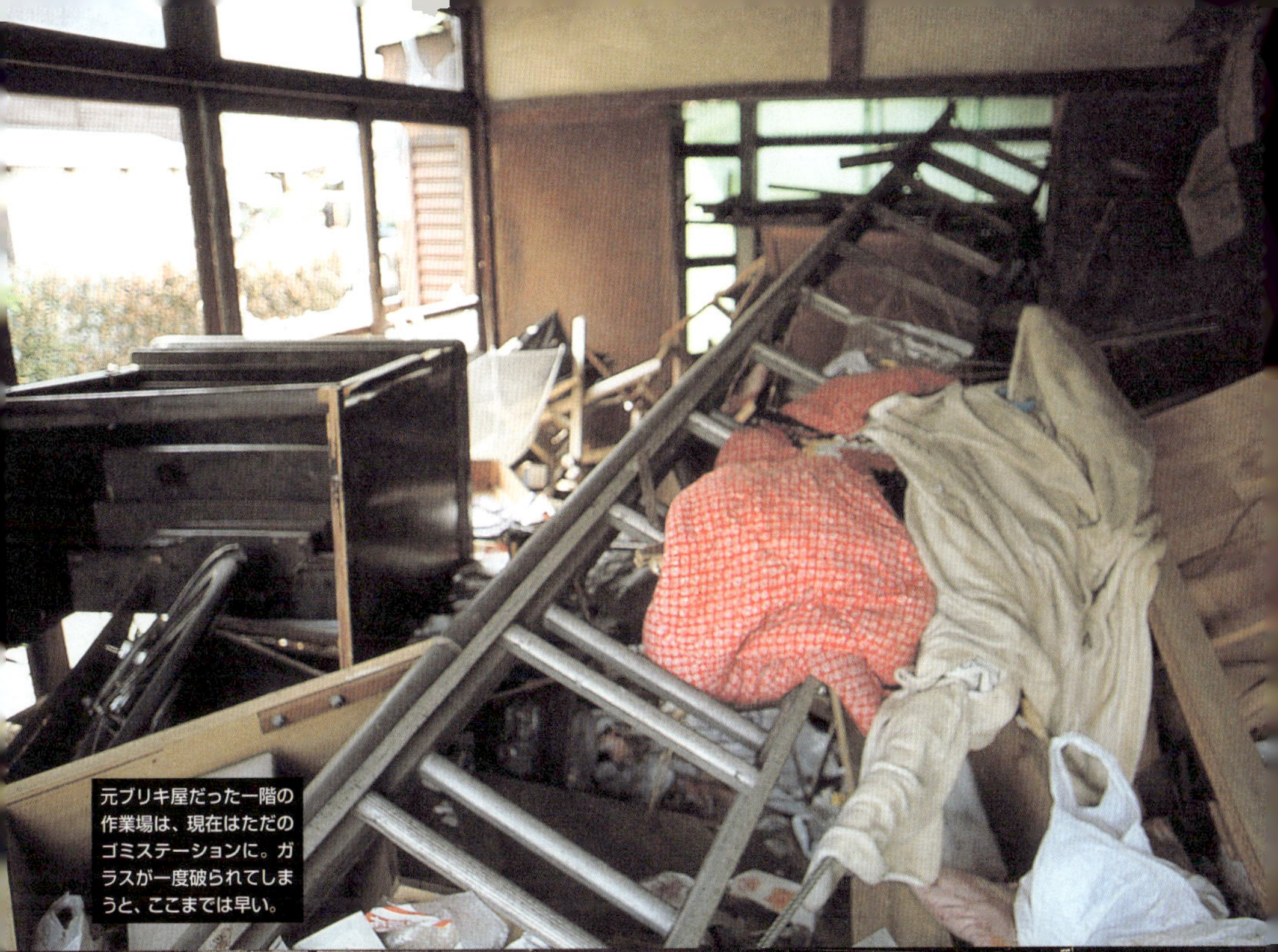

元ブリキ屋だった一階の作業場は、現在はただのゴミステーションに。ガラスが一度破られてしまうと、ここまでは早い。

台所部分。ガスコンロの周辺が黒く焼け焦げているが、これはボヤを出した跡。ガスが止められた今、火事の心配はない。

汚い風呂場。夏場は一応ここで水浴びをするそうだ。もちろん水道は止められているが、幸いにも地下水が出るという。

最も激しい臭気が漂う便所部分。水は流れないから便は溜まりっぱなし。

ゴミで溢れた一階の和室。我々は床上何センチ上を歩いているのだろうか。手前のパンの耳は住み着いた猫のためのもの。もちろん、自分も食べる。

男が毎晩唱えている某宗教団体のお経。布団の上に丁寧に置かれていた。厭世感に囚われていた自分を救ってくれたという。

問題の浮浪者にして家主。季節にかまわずコートを着るのは、浮浪者の特長のひとつだ。社会復帰の夢は捨てていない…。

RUIN FILE No.03

戦慄のマンション廃墟

1997年4月19日（土）曇

浮浪者住み着く無法の館
ここは目白のアパッチ砦か!?

豊島区目白の明治通り沿いに一軒のマンション廃墟がある。しかし、物件閉鎖後は浮浪者が勝手に住みはじめ、今ではアパッチ砦のような様相を呈している。シンナーの匂い、ゴミの匂い、大小便の匂い……。かつてない緊張と汚臭の中、我々はこの無法の館への侵入を試みた！

■東京都豊島区目白

荒廃した屋敷に浮浪者が入り込むというのはありがちな話だが、無人であるはずの廃墟で得体の知れない人物と不用意に遭遇するというのは、実際、幽霊と出会うよりも恐ろしいものである。そんな戦慄を、我々はこの廃墟で体験した。

問題の物件は池袋に近い明治通り沿いの一等地、元は目白の高級物件として珍重されていたであろうマンションである。

第一の浮浪者棲息《せいそく》ポイントは、まず一階のスナック部分。扉のガラスが割られ、カギが壊されていた。近付くと、割れたガラスから何やら尋常ではないシンナーの臭気が漂ってくる。中に入ると、暗闇でよく見えないが、耳を澄ませば何やらハアハアという声が聞こえてくるではないか。「誰かいる!!」と、とっさに思うが早いか声のする方向に目を向けると、男がシンナーでラリっているではないか!! うわ。彼にかける言葉もなく、ただ目と目を合わすにとどめるが、その攻撃的な視線が暗闇に光ってものすごく恐ろしい。「こりゃあ、他にも居そうだぞ」というイヤな予感を直感で抱き、我々は次に二階住居部へと歩を進めた。

嫌な予感は階段を上がった瞬間、的中した。二階二〇一号室が第二の棲息ポイントだった。この部屋はわずかな入口のすき間から中を覗くことができる。が、見ればなにやら怪しい仕掛けが。室内にある電気スタンドとドアノブがヒモで繋《つな》がれ、扉を開けると電気スタンドがガシャンと倒れる仕組みになっているのだ。不法侵入者への警報装置のつもりだろうか？ スタンドが倒れたところで一体どうする気なのかは知らないが、なにしろ不気味である。すき間から脱ぎ捨てた運動靴が見えていることから、確かに誰かが中にいるようだった。

そして特筆すべき第三の棲息ポイントは、三階三〇二号室。この部屋はとにかくゴミの匂いと排泄物の汚臭がヒドイ。襖《ふすま》を開ければゴミの山、風呂桶《ふろおけ》にはクソの山。さらに、入口のテーブルに「まいにち10じにかえる。みつけたらぶちころす」と書かれたメモ書きを発見。知性が微塵《みじん》も感じられないヨレた字であったが、それがまたかえって戦慄《せんりつ》を増幅させる。

人気《ひとけ》のある廃墟というのは実に恐ろしいという事実を、この物件で知った……。

歩くほどに気が滅入る圧迫感のある廊下。せ、狭い…。引っ越しは、いったいどうやって？

建物内部への侵入を阻止するため、土砂がどっさり盛られた入口部分。浮浪者にはまったく効き目ナシ。

一階のシンナー臭いスナック部分。ストロボで明るく見えるが、実は真っ暗。画面右の畳の上でシンナー親父を発見する。

く、臭い。ひどすぎる汚臭。ここは風呂場ではなく便所だ！ 風呂桶には住み着いた浮浪者の大便がてんこ盛りに。唖然。

「まいにち10じにかえる。
みつけたらぶちころす」
なる殺し文句が発見された部屋。いったい誰に向かって書いた手紙なのか。

拾ってきた雑誌、食い散らかしたコンビニ弁当、用をたしたペットボトル。浮浪者の家はどこへいってもこんな感じだ…。

RUIN FILE No.04

東大隣りの高偏差値廃墟

1997年3月11日（火）晴

赤貧東大生たちが愛した思い出の貧乏下宿廃墟！

東京大学教養学部隣に、いまどき珍しい東大生御用達の下宿があった。風呂も便所も共同だが、母がわりのまかないさんが飯を作ってくれた人情の下宿。先輩から後輩へと住み継がれてきた思い出の物件も、その役目を終え、今はただ瓦礫の山へとその姿を変えてゆくのみである……。

■東京都渋谷区松濤

東京大学は明治十年、東京開成学校と東京医学校が合わさって誕生した我が国最古の大学。以来、全国に国公私立合わせて星の数ほど大学ができたが、東京大学がその頂点であることに変わりはない。この物件は、そんな東大生ばかりに住み継がれてきた『下宿』の廃墟である。

東大という学校は、まずすべての一〜二年生は教養学部に属し、駒場校舎に通うことになっている。それから本郷に学び舎を移して専門科目を履修《りしゅう》する。つまり、この駒場には二年間しかいないため、田舎出身の学生たちは二年足らずの仮住まいになることが多い。だから、学校に近く、しかもメシが出て洗濯もしてくれるまかないさんが常時いる下宿の方が住みよい。親も親で一族期待の星を東京で独り暮らしさせるなら、人間が腐るアパートよりも下宿の方が安心というわけだ。そんな理由から、この界隈では下宿が急激に増えた時期があった。しかし時代は流れ、この下宿というシステムはいまや風前の灯。東京のあちこちで、この学生文化が死につつある……。

この物件は、そんなふうにして先輩から後輩へ住み継がれてきた、田舎者東大生たちの心の故郷《ふるさと》だった。この辺りは他にも大学があるのに東大生専用というのがイヤミだが、それも頂点に通うエリートたちのささやかな特権なのだろう。しかし、中に一歩足を踏み入れれば、学生の故郷と呼べる面影はもうどこにもない。すっかり抜け落ちた床、穴の開いた天井、階段がはずされたビックリドア。今この物件は、ショベルカーによって無情にもこの世からなくなろうとしている。地上げ系の廃墟には、生活用品や家具がまんま残されていたりするのだが、この物件はまったくキレイに片づけられていた。使命をまっとうし、正しく寿命を迎えたのだろう。建物は古くてボロボロなのに、アパガードで磨いた歯のように真っ白な壁が、いかにも東大生の下宿らしい。便所や風呂が美しく磨かれているのも、このテの廃墟では偏差値が高い。哀れな姿の中にも、どこか凛《りん》とした雰囲気が漂っているのは、やはり住まう人の知能の高さによるものなのだろうか。廃墟としては平凡な出来であったが、東大の後光がこの物件を無類《むるい》のモノにしているのだった……。

優秀な東大生たちが愛した下宿も今では
この通り。裸電球じゃ目が悪くなるよね。

完全に天井がブチ抜かれた二階五号室。
いきなり扉を開けたらこの状態。ふ～。

便所と風呂場は共同だったが、流し台だけは各室個別にあった。食事付きなので、使われることはほとんどなかったようだ。

二階六号室から七号室を望む。窓の向こうには階段が外されたビックリドアが。気づかずに開けたら危なかった。

一階から二階に上がる階段はこれだけ。段差が狭く非常に危ない。

ボロボロで床すら抜け落ちているが、真っ白い壁が清潔なイメージで好感度が高い。この部屋の真下は大家の部屋だった。

COLUMN No.01

廃墟の探し方

How to seek for the Ruins.

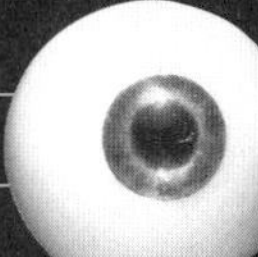

廃墟はいかにして探すか？
どこに行けば廃墟はあるのか？

廃墟を探すにはどうしたらいいか？　気分にまかせてハンドルを握り、廃墟をなんとなく見つけるというのも、それはそれでよい。だが、経費などを使って取材に出た場合、手ブラで帰ってくるというわけには絶対にいかない。そんなことが続いたら仕事がなくなって、自分の家が廃墟になってしまう。そのため、廃墟探訪の旅に出る前には、ある程度の情報を収集しておく必要がある。筆者はそのために、いくつかの方法を用意していた。

そのひとつは、銅山や鉱山の閉山、遊園地やその他アミューズメント施設の閉館、ホテルや旅館の倒産のニュースなどを十～三十年前の新聞記事から検索し、現在その場所がどうなっているかを調べていくという方法である。大マスコミ新聞よりも地方紙の方が、その情報の精度が上がることは経験的にわかっているが、これは実に骨の折れる作業だ。だが、現在はインターネットの新聞横断検索サービスで、ニュースがすぐに探せるようになったから楽になったものである。しかし、この方法は接続料と情報料金がバカにならないので、お金を節約したい人は国会図書館などに行って調べるのがよいだろう。その場合は新聞の縮刷版やマイクロフィルムを丹念に見ていくしか方法はない。

だが、この検索方法は大型廃墟を探すときに限る。一軒家などの小規模の廃墟はニュースにはならないからだ。この場合は国道の拡幅工事、ダムの建設計画、高速道路の建設予定地などの公共事業計画を調べてみる。土地買収だけが済んでいるような場合は、その買収された家が廃墟になっていることが多いからだ。東京では山手通りや環状八号線の拡幅工事や地下化工事のとき、この手の廃墟を数多く見ることができた。ただし、都心部でその類の廃墟が見られても、味がないのであまり面白くはない。今ならダム計画が頓挫している長野県や、高速道路整備計画が見直されている北海道、その他の計画地沿線が旬の場所と言えるのではないだろうか。地方においては、村や市の合併情報も役に立つ。

また、商業地域においては地上げ系廃墟を探すことも可能だ。たとえば、新宿区の富久町では、住宅金融専門会社問題、いわゆる住専問題でワースト3に数えられていた『Cグループ』がこの地域の買収に躍起であった。小さな家々を買収して土地を一区画にまとめあげ、地価を吊り上げて転売するためである。ところが、計画途中で『Cグループ』が資金ショートを起こしたため、富久町では歯抜け状態の廃墟があちこちで見られることになった。このときは港区の六本木界隈でも似たような光景が見られた。ちなみに都心部では、たまに大使館の廃墟も見られて面白い。日本と国交のある貧乏国が、本国の政情不安や財政難によって、大使館の運営を維持できなくなってしまうことがあるのだ。このため、廃墟を探すためには世界のニュースにも目を向けておく必要があるだろう。

だが、もっとも手っ取り早い方法は、地方の観光地に出かけてしまうことだ。温泉名所や遊郭街、風光明媚な観光名所。こうした場所では廃墟がない、ということがない。この場合はそのほとんどが倒産物件系である。その他には、地方のオカルト話にも耳を傾ける。ガセネタばかりで頭にくることも多いが、たまにヒット作もあったりするから、やはり町の風聞もバカにはできないのだ。

そして最終的に必要なのは、廃墟ハンターとしての“カン”であろう。廃墟探訪を続けていると、不思議と「あそこに行けばある」というのがわかるようになるのだ。我ながらたいして役に立たない能力ではあるが。

RUIN FILE No.05

帝産大仁金山廃墟

1996年10月17日（木）曇

山ひとつが巨大な練金装置 伊豆山中に宝の山アリ

かつて伊豆山中に、山ひとつを改造した巨大な金の精錬工場があった。山の頂上から岩石を投げ転がせば、下から純金になって出てくるという壮大な機械仕掛けの金山。そして、そこには開山から閉山まで、およそ四十年の長きに渡って金を掘り続けた、老金鉱師の姿があった……。

■静岡県田方郡大仁町

とある晴れた中秋の良日、我々は伊豆にある巨大廃墟の前で途方に暮れていた……。ここにたどり着くまでの道すがら、国道一三六号線から見えた伊豆山中の金山。この山全体がひとつの廃墟になって、我々の前にそびえ立っているのである。

山の中腹に大きく書かれた『帝産大仁《おおひと》金山』の看板を頼りに山の麓《ふもと》までやって来たはいいけれど、その圧倒的な迫力を前に、さて、どうしようかと途方に暮れてしまったのだ。いざその物件を目の前にすると、その巨大さ、威容《いよう》さは身動きをさせぬ凄《すご》みがあった。まさに国内最大級。今後、日本でこのクラスの廃墟物件に出会うことは難しいと思えるほどの規模と大きさだった。

我々はまずは周辺の探検をはじめ、入山の足がかりを探してみることにした。

かつてこの金山では、一昼夜交替制で二四時間工場を稼動させ、ピーク時で月産二五キロの純金を生産していた。一トンに含まれる純金の量は平均で三~四グラム。総員一五〇〇人がかりで一晩に一五〇〇トンの原石を処理し、一日四五〇グラムの純金を取り出していた。

当時はそれで皆が食えてお釣りまできたというのだから、その頃いかに金が高価なものだったかがよく分かる。掘師たちは給料のほかに、衣類や足袋についた金粉でさらに贅沢《ぜいたく》もできたという。

金山の坑道は最深部で一一〇メートル。十五メートルおきに、フロアごとに区切って掘り進められた。全館九階建てのデパートのような構造と考えてもらえばよい。地盤がしっかりしているから、落盤による事故はなかった。しかし、金の盗掘にやって来た若者が縦坑に落ち、過去に二人死んだことがあるという。金山脇の山道には苔むした墓石が点在しているが、この墓はこの金山の殉職者《じゅんしょくしゃ》たちのものではない。地元民の墓である。安全確実な宝の山、それがこの帝産大仁金山だったのだ。

一方、坑道のほかに、この廃墟の本体である選鉱精錬工場部にも、必見の見応《みごた》えがある。工場内は全十三段構造になっていて、最上階から岩石一トンを投げ入れると、最下層から純金が三グラムになって出てくる。つまりこの建物すべてが一つの巨大な練金装置になっているのだ。この合理的な発想、

なんと美しい廃墟だろうか。まるでエッシャーのリトグラフを立体で見ているかのようである。ただひたすら感動の物件。

上を目指すにはとにかく階段を上らなければならない。キツイな〜。

最下層のフロア。精錬、鋳金に使った機械が残されていた。

金山の正面にある守衛、受付の建物。入山する者は、たとえ従業員でも行き帰りに必ずここを通らなければならなかった。

原始的な構造、未来的な風景。素晴らしすぎる廃墟である。そのビジュアルも「フューチャー・レトロ」とでも言おうか。古いんだけど未来的。建築家の磯崎新《いそざきあらた》氏は、「廃墟こそが未来だ」という発言をしているが、こうした幻視的な光景を目の当たりにすると、なかなかにして含蓄《がんちく》がある。

さあ、いよいよ登頂。我々は下から一段一段上って、最上階への制覇を試みた。

建物そのものは木造のために、所々朽《く》ち果て、階段や床が抜け落ちている場所も多い。しかも当時はエスカレーターなどはなかったから、最上階まではすべて階段である。この階段の数は山形県の山寺も及ばないのではないだろうか。下から見上げると、視界は一点透視図となり、階段や天井の梁が実に美しく目に映る。腐って崩落しつつあるその骨々が、何ともいえず廃墟美なのだ。

我々は、その階段を一段一段地雷を確かめるように上っていく。たまにバキッ、などといってしまうから、まさに命がけの登頂だ。そのうえ歩ける箇所を探して迂回《うかい》しながら上っていくから、まさに立体迷宮を行くがごとく。体力のない私にはキツイ登

ラビリンスにあるような幻想的な階段。下は深く、落ちたら即死は確実。それでも歩きたかったが、床板が腐っていて歩けず。やむなく迂回するハメに。

精錬された純金を備蓄しておく建物。円柱形で、しかもブ厚いコンクリートで固められた要塞のような造り。これを破ることはほとんど無理と思われる。

頂であった。しかし、めったに見れないものを目にし、めったにできない経験をしているという実感が、私を頂上へと奮《ふる》い立たせる。各フロアには当時の機械がそのままに。岩を転がす滑り台、紛砕機、溶鉱炉、電圧室。どれもがその役割を終え、苔《こけ》と鉄《てつ》錆《さび》の匂いとともに静かな眠りについていた。

上り始めてからおよそ一時間。ようやく私たちは頂上へとたどり着き、ここからしか見えない伊豆の風景を手に入れた。その昔、ここで働く金鉱師たちも、私と同じ風景を見ていたのだろう……。

この金山は結局、昭和四八年に閉山した。人件費の高騰《こうとう》、金産出量の低下、設備の老朽化、排水による住民の苦情、そして何よりも金そのものの希少性の低下が閉山の原因だった。金の原石自体は掘ればまだまだ出るのだが、一五〇〇人が食えるほどはもう出ない。この廃墟の所有者である帝国産金興業株式会社も、今は観光バス会社にその姿を変えている。金粉がほっぺについて喜んだ時代はもう戻らないし、二度と来ない。

黄金伝説はいまや廃墟とともに、静かな伊豆の夢の跡となったのである……。

天井の梁からやわらかな光が差し込む。美しい光景だった。

ここが頂上部分。手前の穴が真下に延々と続く縦穴である。危険！

金の原石を上から粉砕器に落とす滑り台。ちなみに人間が滑ったらヒドイことになる。これが場内のいたる所にあるのだ。

粉砕されてた岩石は次に水に流される。重い金だけが沈んでいくという仕組みだ。このフロアの機械はそのためのもの。

金山の心臓部、メチャクチャかっこいい電圧室。テクノだ！ ぜひともクラフトワークの来日コンサートはここで…。

最後に我々は、この金山で約四十年間に渡って金を掘り続け、精練技師として山の中核を担ってきた一人の老金鉱師に出会った。名を津田締《あきら》という。我々はさっそく当時の様子を彼に語ってもらい、金脈の見つけ方、金の精練方法などを聞いてみた。こんな時代、ひと山当てるには宝クジを買うよりも、本当に山を掘った方が早いかもしれない。覚えておけば、いつか役に立つかも。

以下はそのときのインタビューである。

※　※　※　※

——どうも。津田さんは、この金山で精練技師として働かれていたんですよね。

津田　そうだ。昭和十一年から、閉山の昭和四八年までここにおった。今もいるがな。

——当時は金がいっぱい出たんでしょうね。

津田　出たね。最盛期で月に二五キロ出た。でも、だんだん出なくなった。そのうち人件費も上がって機械も古くなったから、やめようかって。それで山が閉まった。

〜（思い出話）中略〜

——それでですね、我々は津田さんにズバリ金脈の見つけ方を教えて欲しいんですよ。精練方法も合わせて。教えてください！

津田　お前には教えたところで見つけられんよ。

——いえ、聞いとくだけ聞いときます。

津田　……ふ〜む。なら死ぬ前に教えておくかの。覚えておけ。金が出る場所に金脈あり。金脈には必ず山肌に印が出とる。これを『金鉱露頭《きんこうろとう》』というんだ。これを探す。

——あの、その見つけ方なんですけど。

津田　金脈が走ってるところは、かならず『熱水鉱床《ねっすいこうしょう》』といって、山や岩の表面が茶色く変色しておる。ものすごい温度の熱水が表面に吹き上がるんだな。マグマが吹き上がる場合もある。だから、金が出るところの近くには温泉も出るな。伊豆には多いだろ？　温泉が。だから、伊豆は金山だらけだ。で、その熱水鉱床の表面に石英が吹き出して鉱脈になるんだ。あとはそれを追っかけながら掘り進んでいけばいい。

——なるほど。それで金が採れると……。

津田　うむ。銀も出るぞ。金が出るところは、銀も出るんだ。水銀も出るな。昔は山師のほかには修験者たちも鉱脈を探したというが、水銀の脈を探した方が鉱脈を見つけやすいんだなあ。これは『水銀鉱床《すいぎんこうしょう》』というう。その昔はお坊さんの空海なんかもこの水銀鉱床を探しながら、金を見つけたと聞くねえ。うん、そうだそうだ。

——ほう、山岳修行者《さんがくしゅげんしゃ》だった空海は金を探したと。初耳だ。

津田　だから、昔から空海にあやかって、金持ちには真言宗が多いんだ。まあいいや。

——それで、金はどれぐらい採れるんですかね？

津田　普通は、岩一トンに三グラムだな。いい鉱脈で七グラム出る。でも今は二十グラム出ないと採算が合わないっていうねえ。さっき銀も出ると言ったけど、鉱脈は掘っていると、金が一に対して銀が四十出る鉱脈もある。こうなるともう『銀脈』だ。

——それで、岩の中に入っている金を取り出すにはどうしたらいいんですか？

津田　その前に岩を選ぶんだ。いっぱい金が入っている岩を選ぶ。昔は『選鉱婦《せんこうふ》』と呼ばれるおばちゃんたちが、これをやっていたんだが、このおばちゃんたちを、通称『ネコババさん』というんだ。持って帰っちゃうんだよなあ。だから、『ネコババ』という言葉はここから来ておる。まあいいや。で、岩を砕くな。そして、もっと細かくする。さらに粉にする。それから水に流す。

これを『ネコ流し』というんだ。すると金や銀は重いから水の下に沈んで、表面の土だけが流れるな。分かるだろ？

――分かります。金は比重が重いから沈むんですよね。なるほど。

津田　そうだ。そしたら今度は『椀かけ』というのをやる。お椀の中にそれを移して、さらに金や銀以外のものを水できれいに洗い流すんだ。これでだいぶ金と銀だけが残る。ここまでが『選鉱』だな。お次はいよいよ『精錬』だ。いろんなやり方があるんだが、とりあえず『灰吹法《はいふきょう》』という方法を教えてやろう。これは鉛を熱してドロドロに溶かした液体の中に、椀かけしたものを全部入れて火で熱する。すると余計なものは全部燃えて、鉛だけが蒸発するんだ。残った塊が金と銀だ。これで出来上がり。億万長者。

――ゴク……。

津田　そう。鉛のほかには、水銀を使うな。こっちの方が純度が上がる。水銀を使うこの精練方法を『アマルガム精練法』というんだ。今はシアンを使うかな。シアンが一番いい。でも昔、狩野川にシアンを流しちゃって、鮎を全滅させちゃった事件があってな。ウチの会社じゃないけど。だから今は、どこもやってないだろうなあ。

――いや～、よお～く、分かりました！

※　※　※　※

津田締翁は八二歳ながらも、実にカクシャクとしたもの。その記憶力、流れるような話し振り、そして時おり見せる怪しい目の光が、彼がただ者でないことを証明していた。伊豆には、いい鉱脈がたくさん眠り、まだまだ多くの金が採れるだろうと彼は言う。

しかし、山師でもなければ、この金脈を見つけるのは難しいだろうとも言う……。私には、金脈を見つけられるだろうか？

※　※　※　※

――金というのは、やっぱり山に入らなければ採れませんか。やっぱりオレにはムリかな。

津田　いや、川もある。砂金採りというヤツだ。狩野川、深沢川、大見川、山田川……伊豆の川ではまだまだ砂金も採れるだろう。儲けようと思ったら、それこそ膨大に砂をさらわにゃならんがの。

――川はどこに行けば金がありますか？

津田　それは教えん。それは家宝として身内に残すもんじゃ。秘密というものじゃ。ただ……。

――ただ……？

津田　川は水が淀《よど》んでいるところを探すがいい。「水が金を育てる」といってな。川の水は金を大きくするんだ。金は本当に大きくなるものなんだぞ。その水が淀んでいるところを探して、足でちょっと掘って、手で土をすくってみて、キラと光るものがあれば、そこにある。かなり、ある。

――かなり……ですか。ゴク……。

津田　ああ、あるね。ワシはもういい、たくさんだ。アンタが勝手に探すがいいよ。今日は疲れたなあ。もう、帰るよ……。

※　※　※　※

老金鉱師は我々にクルリと背中を見せて、トボトボと一本道を帰っていった。その彼の小さな丸い背中ごしには、金山の廃墟がボンヤリと映っている……。さきほどは威風堂々と見えた金山の廃墟も、今はある種のノスタルジーで、どこか寂しげな様子。黄金伝説は夢と消え、今また平成最後の金鉱師も去っていった……。

金山廃墟と老金鉱師。諸行無常の響きあり……。

RUIN FILE No.06

岩窟ホテル高壮館廃墟

1996年7月18日（木）晴

地下のようで地上にいる摩訶不思議な立体迷宮路

その昔、ひとりの農夫がノミ一挺で岩盤を掘り上げ、岩の中に妖館を造った。建物の名は『岩窟《がんくつ》ホテル高壮館《こうそうかん》』。親子三代百五十年をかけて完成する予定だったが、二度の崩落事故により、完成の日を待たずしてこの館は無念の内にその扉を閉めた。だが、その完全封鎖から十数年、今再び我々が伝説の妖館の扉を開け放つ！

■埼玉県比企郡吉見町

埼玉県比企郡に奇妙な建築物がある。建物の名前は『岩窟ホテル高壮館』。

高橋峰吉《みねきち》という安政五年生まれの農夫が、明治三七年（峰吉四八歳）から大正十四年（六七歳）までの二一年間をかけて、ノミ一挺で掘りあげたという洋風の建築物である。山の岩盤をくり抜くように掘って造ったために、建物の表面だけが存在するという非常に珍しい立体建築物なのだ。名前となっている『岩窟ホテル』とは、多くの人が峰吉の掘削風景を見るにつけ、「あの人、今日も岩窟掘ってる」と噂していたことに由来している。

親子三代、百五十年をかけて完成する予定だったが、二度にわたる崩落事故により、建物は未完成のまま十数年前に閉館。以来、一般観覧者はもちろん、マスコミの取材もすべてシャットアウト。そのまま十年以上も沈黙を守っていたのであった。

だが、二代目岩窟王の妻（当時七二歳）が存命中という事実を知った我々は、アポイントもとらずに埼玉県に直行。「とにかく入れて下さい」と拝み倒して、ようやく十年ぶりの入館を許されたのであった。

もちろん、「落盤で死んでも文句は言いません。慰謝料も請求しません。責任はすべて自分にあります」という念書を書かされてのことである。

二代目岩窟王の妻は、我々の申し出に渋々ながら承諾してくれた。重そうな腰を上げ、我々を促す。

「では私についてきてください」

そう言うと、岩窟ホテルの前に立ち、おごそかに南京錠の鍵を開け、鉄柵をガラガラと開け放った。「おおう、今まさに、十数年の封印が解かれているんだなあ」との感慨にふける。

「さあ、どうぞ。見終わったら、ちゃんと扉を閉めてまた私を呼んでくださいね」

二代目岩窟王の妻はそう言い残すと、来た道にきびすを返して戻っていった。

入口の障子戸をスラリ、否、ヨイショと開けて、我々はついに伝説の妖館に踏み入った。電気は止められているので中は暗闇。温度は初夏のムシ暑い日だったが、岩窟ホテルの屋内は十八～十九度で一定に保たれているので実にヒンヤリとしたもの。むしろ寒いぐらいであった。当初は冷蔵庫を作

岩壁に格子の障子戸というアートな正面入口。現在は鉄の扉で固く閉ざされている。内部はここから堀り進められた…。

以前は水槽などが置かれたモダンな空間だった部屋。今では壁面の崩落も激しい。岩の台座は堀り残して造られたものだ。

初代岩窟王・高橋峰吉による正面ファサードのオリジナルスケッチ。四六歳のときに天啓を受けて、一気に描き上げたという。こりゃ天才である。

二階奥のバルコニー部分。地下にいるようで地上にいるという不思議な感覚。

るつもりで掘りはじめたというが、なるほど、これは確かに冷蔵庫である。

懐中電灯の明かりを頼りに館内を見て回れば、やはり作者を失った建築物の老朽化は激しい。口で息をフッと吹きかけただけで、パラリと岩肌の表面が剥《は》げ落ちるのだ。天井にヒビ割れがビシッと数本走っているのを見つけても、こりゃ確かにアブねーわ、と実感。しかし、暗闇と落盤の恐怖を超えてあまりあるほどの興奮と興味をこの妖館は誘う。作者・峰吉の執念が穴の中に停滞し、そこかしこのディティールに峰吉の魂が宿っているからである。

それにしても、これすべてをひとりの男がノミ一挺だけで掘ったとは……。人間とはその気になれば、けっこうなことができるものなのだなあと感心する。

各部屋は、それぞれ『貴賓室』や『科学実験室』などと名付けられており、さらには『電話室』なる部屋までもがあった。当時としては、かなり最先端を行くハイカラな造りであったことだろう。

この建物の話を聞きつけてやってきた建築家や科学者たちに、峰吉は「この建物は物理学と天文学を研究するものである」と

一階から二階へと続く階段。この立体迷路のようなビジュアルは、岩窟ホテルというフィルターを通してのみ可能な視覚だ。

嘯ぶいていたというから、そのセンスも常人の常識を超えていたと思っていい。

しかも、建築学者が屋内寸法を精密測量したときには、内部は見事な黄金比で掘削されていたというから、峰吉は古代人にも似た知恵とインスピレーションをも持ち合わせていたようである。

さすがに当時のロマネスク様式美と東洋美学が混在となった美しさは失われていたが、逆に朽ちていく腐朽の美学をこの妖館は手に入れていた。風化により数十年の歳月を経た表層のマチエール、ほどよく丸みを帯びた階段や柱、岩盤から染み出した石灰水が作り出す鍾乳石。そのどれもが美しい……まさに、廃墟美であった。

我々は心地よい射精を済ませたような満足感に包まれ、まどろむような脱力感を残して、この妖館を後にした。

この岩窟ホテルの掘削は、大正十四年に止められたままだが、三代目（二代目岩窟王の妻の息子・現会社員）が定年退職後に再び行動を起こす予定になっているという。

夢の続きを、我々は再び見ることができるだろうか……。

作者を失った岩盤の痛みは激しく、正面ファサードのペイントも風化で消失している。だが、それでもこの建物は美しい。

一階中央階段。この階段は上がったところで工事が中断されていた。峰吉がもっとも気をかけて掘っていたところである。

COLUMN No.02

廃墟のリスク

Case of danger in the Ruins.

廃墟探訪のリスクとは？ どんな危険がそこに在るのか？

廃墟に入るリスクを考えた場合、そもそも始めに無人家屋とはいえ勝手に建物の中に入っていいものか、という問題がある。一応、社会道徳的には「勝手に人の家や土地に入ってはいけない」ということになっている。勝手に入った場合、法律的には不法侵入罪が問われることになる。物品を壊した場合は器物損壊罪に問われることもあるだろう。だが、これらは訴え出る人がいてはじめて成立する犯罪だ。もちろん、破壊行為をしていた場合の現行犯逮捕はその限りではない。民間の土地に立ち入っただけでは、民事不介入の原則により、本当にそれで迷惑している人がいなければ警察が動くことはない。だが、近隣住民によって不審火騒動や騒音、ゴミの不法投棄問題などがその廃墟に訴えられていた場合、警察は周辺を巡回パトロールするため、運が悪ければ職務質問されるぐらいは予想される。

だが、今のところ廃墟に入って怒られはしても、訴えられて有罪になったという話は聞いたことがない。大声を上げて騒いだり、大勢で押し掛けるということさえしなければ、廃墟の鑑賞者として堂々と物件に入ったらいいだろう。廃墟に入るときのマナーは「ありのままを鑑賞し、何もいじらず、壊さない」である。廃墟の前史を調べるために物証をほじくり返すことはあっても、元に戻しておく。仮に「何やってるの？　あんたたち」と尋ねられることもあるが、この場合も臆することなく堂々と「取材です」と答えるのがよい。廃墟は、こそこそ入るのが一番よくないのである。

そして、入ってからのリスクは、まず身体の危険。崩落、転落……ボロボロの屋敷に入るわけだから、こうした危険がないとは言えない。だが、もし何かあったら、それはすべて自己責任において処理すべきである。幼児がうっかり廃墟に入って大ケガをした場合、物件の所有者が賠償を問われることもあるが、我々いい大人が好きで廃墟に入ってケガをしたら、ただ単に「アホ」と言われるのがオチである。それが心配な人は、ヘルメットと軍手ぐらいは持っていった方がいいかもしれない。リバーサイドホテル廃墟（P.092）では、屋内があまりに不衛生だったため、体が痒くなってまいったものだ。ノミやダニ、その他感染症の類にも気をつけたいものである。この経験から、呼吸器や皮膚に疾患を持つ人は、廃墟探訪はお勧めしない。

次に人身災害の危険——すなわち、浮浪者である。浮浪者についてはコラム③廃墟と浮浪者（P.075）でも触れているが、彼らとの接近遭遇も廃墟においては十分に考えられ、しかも事件に発展しないという保証はない。彼らは自分の家でもないのに縄張り意識が強いため、生活域を侵されると極端に怒ってみせる場合がある。廃墟に入って人の気配を感じたときは、うっかり彼らを刺激せず、早々に退去したほうがよいだろう。間違っても好戦的な態度はとらないことだ。

そして、最後は心霊的なリスクである。「呪われる」「崇られる」といった類の話だが、これもコラム⑤廃墟と幽霊話（P.133）で触れているのであまり多くは書かない。だが、たまに廃墟に入った後で、うっかりトゲに刺されて血を流したり、事故を起こしたりすると、これを廃墟の祟りとして受け止めてしまう人がいる。これは単なる恐い物見たさ、肝試しで廃墟に行く人たちに多く見られる。何か不幸なことが連続すると、その原因を心霊的なものに求めてしまうことに依るためだが、これは大きな間違いだ。むしろ、廃墟に行くと何かラッキーなことがある——これぐらいの気持ちで廃墟を訪れるべきだろう。とにかく、廃墟探訪にリスクはつきものである。

RUIN FILE No.07

大滝冥土ランド廃墟

1996年10月17日（木）曇

未来永劫お客が入らない失意のリゾートホテル……

かつて閻魔大王、お釈迦様、不動明王などを一同に寄せ集め、天国と地獄の一大宗教テーマーパークを目指したリゾートがあった。その名も『大滝ランド』。だが、ホテルは開業されることなく、施主は倒産。その後も何人かの手を経て、山はついに丸ごと競売にかけられた。強者《つわもの》どもが夢の跡。ここは地獄の八丁目……。

■静岡県加茂郡西伊豆町

十月、私たちは修善寺から、県道五九号線を南下していた。目指す目的地は、かつて『西伊豆大滝《おおたき》ランド』と呼ばれたテーマパーク跡地。この世のあらゆる神仏を寄せ集め、天国と地獄の一大宗教テーマパークとなるはずだった場所である。

最初の持ち主は建設途中にして倒産。建築基準法違反で、肝心《かんじん》の宿泊施設が開業できなくなったためだった。一部は完成していたものの、ホテルは灰色の壁面を露出したまま。以前は山間から巨大な閻魔像《えんまぞう》が姿を見せ、それがこの地の目印になっていたのだが、今ではその閻魔像もすでにない。二番目に手にした不動産屋が取り外したのだ。この不動産屋もこの土地が売れず、資金繰りが悪化して倒産。その後は様々な利権が絡み、ややこしい物件になっていたのだが、平成に入って競売にかけられ、現在は東京の某資産家の所有になっている。

わさび田、マス放流川、プール、キャンプ場、名勝大滝、天然温泉……。現在でも十分に採算が取れるのではと思えるほど施設は充実しているが、手にした者は皆、倒産の憂《う》き目に遭っている。長い歴史の間に実に様々な人の手に渡ったが、その誰もがこの土地の精霊に嫌われたのだ。しかしながらこの土地、施設内を歩けば実にアンニュイなひとときを感じさせてくれる。無人ゆえに静寂。秋ゆえに紅葉。設備の朽廃《きゅうはい》もまた、ワビサビを感じさせる。廃墟美だ。

建設が途中で止まったホテルの外観はそれほど古さを感じさせないが、しかし、一歩中に入ればその荒廃ぶりは筆舌に尽くしがたい。「売れるものは売れ」とカーペットから何からめぼしいものはすべて剥《は》ぎ取られ、どこまでも続く灰色の壁面はまさに哀れのひとこと。巨石と黒御影石《くろみかげいし》を配した立派な大浴場は、もちろん誰一人として入ったことがない。本館二階には『和合宗有円《わごうしゅうゆうえん》寺道場《じどうじょう》』と書かれた部屋があり、その中に祭壇が祭《まつ》ってあるが、この祭壇の持ち主である宗禅《しゅうぜん》さんは、この土地の三番目に当たる所有者だった。この宗禅さんもまた所有権争いに散っていった……。

利権、詐欺、倒産、競売と物議を醸《かも》した天国と地獄のテーマパーク、大滝ランド。ここは、生きながらにして現世の地獄を味わう因果の土地だったのだ……。合掌。

ロビー階段。以前は真紅のカーペットが敷き詰められていたが、すべて剥がされてしまった。

大滝ランド正面入口。麓からここまでは遠い。

建築基準法違反で開業ができなくなった問題のホテル。

山の頂上のこの場所に、かつて閻魔大王像があった。手にした持ち主が皆倒産するのも、この取り外した閻魔様の祟りだと、地元では噂されている。

手前が水のないプール。以前は恐竜の滑り台があり、これを目玉のひとつにするつもりだった。その向こうは釣り堀である。

巨石と黒御影石を配した
ゴージャスな大浴場。も
ちろん誰ひとりとして入
ったことはない。温泉工
事すらまだだったという。

二階にある和合宗有円寺
道場の祭壇。何を祀る宗
教なのかは不明だが、二
代目の所有者だった宗禅
さんの置き土産である。

ホテルの一階ロビー部分だけは、かろうじて当時の様子が残されていた。夜になると裸電球だけが灯るという寂しい空間。

建築途中にして経営を断念したため、客室部分と廊下の工事は途中で投げ出したまま。工事再開の見込みは永久にない…。

RUIN FILE No.08

失楽のヘルスセンター廃墟

1996年10月17日（木）曇

ああ懐かしの団体旅行!! 愉楽、快楽、やがて失楽・・・・

帝産大仁金山を背後に望む国道沿いに、かつて団体旅行で賑わった廃墟があった。"スポーツ&温泉"というコンセプトは一世を風靡《ふうび》したが、今や昔日の面影はない。昭和のあの時代、ご近所さんとみんなで行った、あの下品で楽しい団体旅行。『ヘルスセンター』——それは私たちの旅愁を誘う思い出の場所……。

■静岡県田方郡大仁町

中伊豆は修善寺町に、なんとも情緒的な廃墟がある。その物件の名は『帝産ヘルスセンター』。潰れたのはほんの数年前だったが、営業していた時から「廃墟ではないか」と、訪れる人を誤認させるほどの古めかしい佇まいを見せていたという。店を閉め、人が来なくなってからの荒廃の加速ぶりたるや凄《すさ》まじく、古臭さにみすぼらしさなども加味されて、この廃墟物件のテイストは今や"わびさび"の境地に達するほど。人が住まなくなった建物というのは、驚くほど荒廃が進行するものなのだ。

看板にある『帝産』とは、『帝国産金興業株式会社』の略。戦前の会社で、金の採掘業を主力業務とし、最盛期には観光、バス、タクシー、ホテルなどにも手を広げる複合企業であった。ちなみにこのヘルスセンターは、金を掘っていたら温泉が涌《わ》き出しちゃったので、タナボタ的に急きょ山の麓《ふもと》に作られたという。もっとも、当時このヘルスセンターは金山で働く金鉱師たちの福利厚生施設的な意味合いが強かった。しかし、プールや体育館などの施設を拡充するにつれて次第に集客価値が高まり、『スポーツ&温泉』というコンセプトも時代にウケて、団体バスが乗りつけるような人気スポットになっていったのである。が、いかんせんこの施設と設備。社会が豊かになるにつれて集客力は弱まり、客はチラホラといった程度になって、ついに閉鎖とあいなった。

我々はここで偶然にも廃墟の管理人に出会い、内部への探索を許された。辺りをウロウロしている我々を不審に思ってジッと見つめていた親父が、実は廃墟の管理人だったのである。実際、プールの屋根が崩落したり、不審火騒動があったりして、気が許せない物件ではあるそうだ。中に入れば、そのすべてが時代がかった造りになっていて、何とも懐かしさが込み上げる期待通りの物件。ホールに残る十円ゲーム、フロントに残された宿帳、脱衣場のカゴ、そのどれもがこの上ない廃墟風情を盛り上げてくれる。さらに嬉しかったのは、大浴場にひとつだけ湯が残されており、この風呂に入ることを許可されたことである。廃墟で入る温泉はさすがに初めて。無人、静寂、荒廃の大浴場。窓には金山。これはちょっと贅沢な体験であった。

現在はただの物置になってしまった憩いの部屋。取材二日前には放火による不審火騒動があった。看板の文字が虚しい…。

屋外プールへと続く廊下。現在は雑草が生い茂ってこの通り。でかい蜘蛛がワサワサといた。

大震災の跡のようだが、プールの屋根が腐食によって自然崩壊したのである。豪快な崩れっぷり。これじゃ、泳げねえや。

ホールで見かけた懐かしの十円ゲームの数々。ヴィンテージゲームマニアには垂涎の宝物。『ウルトラボール』には泣けた。

『薬用ラジホープ』という意味不明の名前が付けられていた湯。鉱泉としては、けっこうイケてる温泉だったと思われるのだが、残念である。

脱衣場で初代マッサージマシンを発見。ヘルスセンターらしい風情ある部屋であった。ちょっとカビ臭いのが玉にキズ。

円形大浴場から中庭を見る。古めかしくて、静寂。その向こうは女風呂。覗きにいってきましたが、やっぱり無人でした…。

これは、花？ 面白い形をした浴槽である。今でも十分にウケそうだが…。筆者は唯一残されていた湯に入った。最高だった。

RUIN FILE No.09

燃えたドライブイン廃墟

1996年10月18日（金）晴

海沿いに漆黒のバラック 真赤に燃えたドライブイン廃墟

伊豆下田から熱海に向かう道すがら、左手に不気味なドライブインの廃墟がある。風光明媚な場所に比して、ひときわ異彩を放つその廃墟。火災を出したその後は、すっかり放置されたままになっており、この辺りでは有名な迷惑廃墟だと、地元民は眉間にシワを寄せるのだった。

■静岡県下田市白浜

白浜海岸は尾ヶ崎にあるドライブイン廃墟である。この廃墟は国道一三五号線沿いにあり、崩落の危険がないようにと、正面は背の高いフェンスによって囲われていた。

崩落の危険がないように、というのは、この物件が火事によって燃えたために廃墟になったからである。外観を正面から見るかぎりではそれほどの腐朽《ふきゅう》を感じさせないが、いったん裏手に回れば、黒く煤《すす》けた骸《がい》骨《こつ》姿が寂しい背中を露見させていた。この手合いの廃墟物件はどれもそうだが、警察や消防は民間の土地には干渉することができない。したがって持ち主が解体費用や修繕費用を出し渋《しぶ》って建物をそのままにしておけば、半永久的にその物件は廃墟になったままの状態になってしまうのである。まして今後売却の見込みがない土地では、更《さら》地にするための金を出すだけ無駄。世の中には、こうした理由で廃墟になったままになっている物件が実に多いのである。

この物件、中に入ればなんともハンパな焼け具合。火は二階部分から出火したようで、上階部はほとんど全焼だが、階下は熱によって柱がネジ曲がったり、天井が一部焼け落ちていたりするのみで、わりと原形はとどめている。黒く煤けた窓から白浜海岸を眺めると、海の碧さと砂浜の白さがより際だって目に映るのだった。

それにしてもこの物件、いっそ丸焼けしてくれた方が、その後は面倒臭くなかったと思うのだが、ヘタに消火したために、このような中途半端な姿をさらすことになってしまったのだろう。

ここから得られる教訓は、隣家や他人の隣室に飛び火の危険がない場合、火災が出てしまったら消防車を呼ばずにいっそ全焼させてしまえ、ということである。結局はその方が後々お金がかからないのだ。建物や家財に保険をかけているのなら、そっちの方がたくさん保険料も貰える。このドライブイン廃墟、まだしばらくはこの場所で見ることができそうである……。

それにしても、伊豆半島には実に多くの廃墟が眠ったままになっている。最近は熱海方面も『つるやホテル』をはじめとして廃墟が増えつつあるが、温泉地帯というのは、イコール廃墟密集地帯でもあるようだ。

味のある煙草屋部分のカウンター。表面は火の手を逃れたが、中は真っ黒け。

便所。大便用の個室は完全に天井が崩落していた。

池田屋もびっくりの急階段。階段には天井の残骸が散乱。

木造プレハブの建物は火の回りが早かったようで、二階部分はこの有り様。でも、こんな所から見る伊豆の海もまた格別。

RUIN FILE No.10

デンジャラス・ホテル廃墟

1996年10月18日（金）晴

ここは危険分子の巣窟か　戦慄と緊張のホテル廃墟

南伊豆は下田に、巨大なリゾートホテルの廃墟がある。国道沿いにそびえ建つそれは、温泉情緒とはかけ離れた不気味な佇まいを見せていた。さっそく侵入を試みれば、いきなりアシッドな香りが鼻腔を突く。誰かいる――。とある部屋では、爆弾を作っている様子も発見されて――!!

■静岡県下田市吉佐美

このリゾートホテル廃墟、場所は南伊豆下田の国道一三五号線沿い。前方に大平洋を望む高台の一等地というロケーションにもかかわらず、あえなく潰れてしまったという物件である。

このホテル、とてつもなく規模が大きく、様々な趣向を凝《こ》らした設備や施設の数々で、なかにはプロ用の録音スタジオまでもが作られている。下田の温泉ホテルで本格的な録音スタジオなど、「一体どれだけ利用があるというのか？」と、素朴な疑問を抱かざるを得ないが、こうした集客のための過大な設備投資が、かえってこの物件の倒産に拍車をかけてしまったものと思われる。

建物の外観は白壁で、遠目に見ればとても爽やかな佇まい。だが、入口まで近づいてみると、ただごとならぬ異様な雰囲気をすぐに察することができた。侵入者を阻《はば》むために積み上げられた冷蔵庫やフトン、それでもバリケードを破ろうとする侵入者たちの乱暴の跡、浮浪者たちの生活臭。「こりゃあ、ヤバそうな物件だ」。カメラマンと目を合わせ、我々もバリケードを越えて侵入を試みる。こぼれた酒、人糞、カビの臭い。「誰かいるな――」。久しぶりに緊張感が全身を走る。外は天気の良い日であったが、建物の中には光が届かず、暗闇を手探りで進む状態。この状況で誰かから突然「コラァ！」などと怒鳴られたら、たちまち失禁してしまうのは明らかである。暗中模索の状態で、部屋の扉を一つひとつ開けて回るが、角を曲がるとまさか誰かが？　とか、襖を開けたらまさか死体が？　という思いがことさら我々の行動を鈍らせ、探索にはひどく時間がかかってしまった。また、無人のホテルはとてつもなく広く、果てしなく続く廊下は非常に恐ろしく感じられた。

そして、そんな緊張は、五階のとある和室で最高潮に達した!!　なんと、その部屋は爆弾製造工場になっていたのである。室内には大量の花火が散乱し、製造に使っていたと思われる道具や、火薬をほじくった形跡がありありと見てとれる。洗濯物も干してあり、誰かがここをアジトに棲息していることは一目瞭然であった。家人が不在だったのは幸いだったが、本人に出くわそうものなら事件である。撮影を手短に済ませ、我々は疾風のごとく退散した。

入口玄関前。積み上げられた冷蔵庫のバリケードを乗り越えると、ここに出る。が、浮浪者の生活臭も漂いはじめて…。

ホテルフロント。ありったけの布団が積み上げられ、しかもすべてカビているので凄まじい臭気を発していた。臭すぎ！

ホテル屋上。地上七階建てだが斜面に建てられているため、妙な造りになっている。

楽器類、PA関係、仏具が散在していた従業員室。

大宴会場。畳は燃やすわガラスは割るわで大盛り上がりだったようである。

カラオケルーム。キューブリックの映画『時計じかけのオレンジ』の冒頭シーンに出てくるミルクバーのようである。◎。

ベッドルームのほかに三部屋もあるスイートルーム。浮浪者たちの酒盛りの跡を発見。誰かがセックスをした形跡もアリ。

火薬がほじくられた花火がたくさん…。畳や布団にこぼれた火薬も黒々と。これは危なすぎる。

爆弾製造工場となっていた部屋。机と床に散らばる大量の花火。ビニール袋にもまだまだ入っていた。目的は何なのか!?

RUIN FILE No.11

打ち止めのパチンコ屋廃墟

1997年7月22日（火）晴

軍艦マーチは聞こえるか？
哀愁漂うパチンコ屋廃墟

最盛期は二十兆円と言われたパチンコ業界もいまや凋落の一途。ここ本庄市のパチンコ屋は、ブームの終焉より十五年も前に潰れてしまった。店内に残された往年の機種、煙草のヤニが染み付いた壁、そして銀玉。耳を澄ませば、どこからか、あの軍艦マーチが聞こえてきて……。

■埼玉県本庄市

さて、お次は無人の荒野と化したパチンコ店の哀れな姿をご紹介しよう。

一時は二十兆円産業、果ては世界産業かともてはやされたパチンコ業界も、いまや官憲たちの余計な介入によって斜陽化が進行、全国では死屍累々として小さなパチンコ店が店閉まいの憂き目にあっている。

店内は当然のこと、静寂そのもの。あのけたたましい騒音や、思わず財布をゆるめる軍艦マーチが聞こえてくることもない。ただ古くなったパチンコ台が店内に山積みにされ、床に散らばった銀玉と割れたガラスが弱々しい光を反射させているだけである。まだ取り外されていないパチンコ台も配線を剥《む》き出しにし、座り心地の悪そうなビニール椅子もあちこちに転がったまま。さんざ人の金を吸い上げた場所は、今は静かな荒廃の中に埋もれている。こんな風景は、どこか悲哀が漂う……。

ホールの島を見渡せば、マルホンの『カーチェイス』、豊丸の『ロイヤルエイト』、平和の『ラッキーブラボー』、三共の『スーパーコンビ』など、往年の名作機種をいろいろと見かけることができる。これらの機種は今からおよそ十九〜二十年前、昭和五七〜五八年頃のものであるから、このパチンコ店の倒産時期も当然これに準じるのであろう。手打ちから電動式に変わったのが昭和四八年。それから十年経って、デジタル化の波が昭和五十年代後半。この頃のパチンコ機は、死者を出した三共の名機『フィーバー』以降、三匹目、四匹目のドジョウを狙ったマシンが群雄割拠した時代でもあった。盤面も素っ気ないセル盤から豪華絢爛《けんらん》な盤面へと変わり、液晶画面もにわかに登場。新しいファン層の獲得に業界が燃え、出玉規制もなかった頃だから、メーカーにとっても、そしてパチンコファンにとっても、実に古き良き時代だったといえる。

この店も、その時代その時代の最新機種を取り入れていることから、それなりの営業努力をしていたことが伺い知れる。しかし、潰れてしまった。パチンコ台を打ち止めにするのは結構な話だが、この店は、店そのものが打ち止めになってしまったわけである。勝った負けたで人々が一喜一憂した夢見の場所は、今はもう歳月とともに朽ちてゆくのみ……。

スロットコーナー。パチスロ黎明期の機種がチラホラと。昔のマシンはいろいろとインチキができて楽しかったものです。

乱暴の限りが尽くされた店内。すべてのマシンが見事にブチ壊されていました。だが、こういう店内の雰囲気も悪くない。

これもゴト行為のひとつでしょうか？ 斜陽化したパチンコ業界では全国で同じような風景を見ることができる。合掌。

景品交換所。強盗に狙われそうな貧弱な造り。

鼻がひん曲がりそうなトイレ。またしても流さないウンコが。

景品カウンター。棚の広さからして景品の種類は豊富だったようだ。計数機や特殊景品なども発見。

往年の機種が山積みされた店内。ちなみに埼玉県はパチンコ旧台機種の不法投棄のメッカとしても有名だ。こんな所にも…。

RUIN FILE No.12

凋落のボウリング場廃墟

1997年7月22日（火）晴

ここは本庄の鬼門か!? 何をやっても潰れる土地！

一九七〇年代の代表的娯楽——それが、ボウリング。八十年代に入るとブームは瞬《またた》く間に過ぎ去り、全国で死屍累々とボウリング場の軒が下ろされた。その多くは郊外型大型店へと姿を変えていったが、この物件はそんな応用すらきかず、十年以上の歳月を経てなお、無人の荒野に佇んでいる……。

■埼玉県本庄市

地元情報提供者の案内にしたがって、我々は本庄市の市街地にあるというボウリング場の廃墟にやってきた。

現地に到着してみると、さすがにボウリング場だけあって、その大きさは驚くべき規模。幾年の歳月がもたらす荒廃ぶりも、素晴らしい味を醸している。内部に入ると、中は外観から見るよりもさらに広く感じられた。すべての設備が取り払われているせいもあるが、窓がなく光が届かない建物の最深部は、さらに底抜けの広さを感じさせた。ボウリングレーン、ビリヤードルーム、レストラン。各室の面影は、もうどこにもない。八十年代に入ってからのボウリングブームの終焉は自然淘汰と見ることもできるが、案内役の地元民が言うには、「ここは本庄の鬼門。どんな店が出店してきても必ず潰れてしまう」という。確かに言葉の通り、この廃墟の近所にあるパチンコ屋も最近になって店を閉め、さらに二十メートルほど先の中華店も潰れていた。市街地圏内に位置するにもかかわらず、この地域への進出を挑む資本家たちは、ことごとく撤退を余儀なくされているのだ。トポスという土地の精霊が宿れば店は栄えると言われているが、この辺りはもう、精霊どころか悪霊が取り憑いているといっても過言ではない。だが今回の廃墟物件、さびれた理由には至極《しごく》まっとうな理由がある……。

以前は、このボウリング場に面する道路がこの界隈《かいわい》のメインストリートだったが、十年ほど前、この通りと平行して近代的な県道がすぐ横に通され、メインストリートが動いてしまった。主役級の〝街道〟から、ただの〝抜け道〟に格下げしてしまったのである。おかげで車の交通量は激減。ボウリングブームの終焉でレギュラー客が離れていったばかりか、不特定多数のブラリ客すら拾えなくなってしまったのだ。

その後、この物件は法人会員の募集を強化して店を支え、さらにアイスリンクに模様替えするなどをして急場を凌《しの》いだが、時すでに遅し。オーナーは某大型ディスカウント店への身売りまで画策したものの、手付金だけもらった矢先に断られ、手付金解約という形で、この売却計画も頓挫《とんざ》してしまった。そして倒産。以降、御覧のような無残な姿を晒《さら》すことになったのだった。

十年以上放置されていたため、建物のガラスはほとんど破られている。ガラスの破れ方も廃墟の味のひとつである。

いまやあまり見かけなくなったボウリング場の看板。哀愁が漂う。

ボウリング場跡。広すぎてストロボの光が届かない。晩年はアイスリンクとして再建を図るも、すでに焼け石に水だった。

ボウリング場から地階の更衣室へと続く階段。階下は暗く、空気の対流がないため、澱んだ空気がどうにも重苦しい。

従業員室だった部屋。晩年はこの部屋もただの物置小屋になっていたようだ。配電盤が扉ごと外されていた。神棚もない。

荒らされた様子もなく比較的きれいだった女子便所とロッカールーム。地階で暗闇のため誰もここまで来れなかったようだ。

建物の外観といい内装といい、いかにも七十年代なデザイン。無惨にも蹴破られてこの状態。壁の向こうはレストラン。

RUIN FILE No.13

川口の寂しき一軒家廃墟

1997年12月20日（土）晴

老婆の最後をみとった悲しみの一軒家廃墟

埼玉県川口市に十数年間放置されたままの一軒家廃墟がある。地元の若者たちに幽霊屋敷と噂され、侵入した者には祟《たた》りがあるという。訪ねてみれば、確かに噂にたがわぬ妖気。この屋敷に、一体なにが起きたのだろうか……!?

■埼玉県川口市新井宿

十二月、我々は川口市は新井宿にある一件の廃墟物件を訪れた。地元民の間では、もっぱら幽霊屋敷と噂される怪しさ満点の一軒家豪邸廃墟である。

現地に到着すれば、確かに噂にたがわぬ妖気。家の造りを見るに、大谷石の門、漆《しっ》喰《くい》の壁、総檜《ひのき》の柱など、ひと昔前のお金持ちが住んでいたようである。家具や証書などが家の中に残されていたことから、ここに住んでいた人間像もおぼろげに推測された。それにしても、アルバムや香典袋、成績証明書、公正証書など、家人の重要書類と思われるものが無造作に散乱しているのは、一体どうしたことだろうか? う〜む。私は、さっそく聞き込み調査や散乱した書類関係から、この屋敷に何が起きたのかを調べてみることにした。す・る・と……!

この屋敷は、かつて年老いた老婆と息子夫婦、そしてその子供たちを含む家族六人が暮らしていた。しかし、嫁と姑の折り合いがつかず、息子夫婦たちは家を出ていってしまう。その後、息子夫婦たちは一軒家の社宅に移ったが、なにしろこの広い屋敷に老婆一人。寂しさからか、老婆は次第に病気がちになり、ついには一人寂しくこの屋敷で病死してしまったという……。

さらにその後は、息子夫婦がこの屋敷に戻ってくると思いきや、この屋敷は某銀行の抵当に入っており、すでに家は銀行のものになっていた。息子夫婦は銀行にあらがうことなく、そのままこの豪邸を手放す。だが銀行は銀行で、場所の悪さからこの土地が売るに売れず、荷物を運び出すにも更《さら》地にするにも金がかかるということで、放ったらかしにしたままの状態。以来十数余年、この屋敷は誰一人にかまわれることなく、ひっそりと荒廃だけが進行していったのだった。隣近所は侵入、不審火、あるいは若者たちの深夜の肝だめしによる騒音から、警察や消防に苦情を届けているが、いかんせん民事不介入。どうすることもできないまま、時間だけが経過しているのがこの屋敷の現実だという……。

嫁姑問題、銀行の不良債券問題など、あまりにも現代的な事情が複雑に絡み合ったこの廃墟物件。廃墟になるには、みんなそれなりの理由があるのだ。それにしても、あまりに切なく悲しい廃墟事情……。

玄関。玉石を埋め込んだ土間には品格さえ漂うのだが…。

幽霊が出ると地元で噂されていた二階のベランダ。

台所。昭和の時代の石鹸や醤油など、懐かしのアイテムも発見。

浴槽の手すりがここに老人がいたことを教えてくれる。

最奥の部屋にポツンと置かれていたロッキングチェア。恐い…。

廃墟の便所はたいてい臭いが、それでも便所にも見るべきものがある。かつて人が排泄していた場所というのは面白いものだ。

RUIN FILE No.14

薄幸のビリヤード場廃墟

1997年12月2日（火）晴

土地の因果か自然淘汰か炎に燃えた玉突き場廃墟

日光有料道路を今市で降り、国道一二一号線を五分ほど走ったところに、ガソリンスタンド、パチンコ屋、ビリヤード場と時代と添い寝するように姿を変えたが、ついに命運が尽きた一軒の廃墟がある。中に入れば、ドス黒く焼けただれた火災の跡も発見されて……。

■栃木県今市市倉ヶ崎

八〇年代も終わりにさしかかった頃、突如全国でビリヤードのリバイバル・ブームが巻き起こった。同時代的にこのブームを体験した人も多いと思うが、それはまさに異常とも言えるほどの現象であった。それは、つい昨日までただの雑居ビルだった建物が、翌日にはあっという間にビリヤード場に変身していたといったことが全国で相次ぎ、豆腐屋の親父だった男が翌日にはプールバーの店主になっていたというほど。

ところが、このブームの終焉は意外と早く、その後、その多くはカラオケハウスへと姿を変えた。そんな応用すら利かなかった店は、ただひたすら潰れていくだけだったが、ここに紹介する廃墟もそんな哀れな物件のひとつ。ガソリンスタンド、パチンコ屋と、時代と添い寝するように姿を変え、ついに時代の鬼っ子、ビリヤードに転身したはいいが、案の定、潰れてしまったわけである。さらに悪いことに、この物件、最後は従業員の煙草の不始末による建物一部半焼という、いらぬオマケまで付いてしまった……。

要塞のようにも見えるこの廃墟へ、我々はさっそく侵入を試みる。裏手に回ってみると、メチャメチャに割れた部屋の窓から容易に入ることができた。ガラスは暴力で割れたのではなく、火災による熱で割れていたのである。中を覗くと、真っ黒け。経営者は、客は来ねえわ燃えるわで「もういいや」とヤケクソな気分にでもなったのだろうか。内部は火災が起きたままの状態で放置されていた。足をひっかけ中に上がり込むと、今度はいきなり足下に浮浪者が。

とりあえず浮浪者を尻目に部屋を抜け、ホールに出てみると、かつて、ここがその場所であったことが随所《ずいしょ》に偲《しの》ばれる。ホールには元パチンコ屋、元ビリヤード場という雰囲気が混在しており、場末のパチンコ屋を強引にオシャレにしようとした跡がそこかしこに見てとれた。栃木の片田舎でささやかな店を開く経営者の精一杯の経営努力であったのだろう。

この廃墟は、時代に取り残された哀《あわ》れな倒産物件であるが、ある意味、廃墟美と呼ぶにふさわしい充実の廃墟への道程を歩んでいたのであった。

喫茶カウンター。パチンコ時代はもちろん景品カウンター。

安っぽいパチンコ屋の椅子。ビリヤード場にしてからも流用。

煤で真っ黒になった風呂。天井は熱の歪みで崩落寸前。

これはしかし、見事に焼けちゃったみたいです。

バラされたビリヤードテーブルが山積みに。ポケットに四つ玉…全部で何枚？ ちょっと仕入れすぎたんじゃないですかネ。

RUIN FILE No.15

性臭漂うモーテル廃墟

1997年12月3日（水）晴

男と女の愛の密室……幾千の淫念淀むモーテル廃墟

■栃木県八板市塩谷郡

鬼怒川温泉に近い農村地帯に、広大なモーテルの廃墟がある。完全にジャングル化した敷地内には、十七棟の洋風コテージが点在し、その様はあたかもひとつの村がそのまま廃村になったよう。風呂の覗き窓、レアな回転ベッド、往年のモーテル風情はどこか気恥ずかしい……。

モーテルの廃墟である。あんなコトやこんなコトや、入れたり出したりする、スケベで、イヤラシイ、キミも大好きな、男と女の愛の密室である。

ここは鬼怒川温泉近くの、とある農村地帯。この何の変哲もない田園風景の中に、このモーテル廃墟はさながら風景画に落とした一滴の墨のように、黒々と存在していた。一歩足を踏み入れれば、洋風のコテージがどこまでも点在する密林の迷宮。ラブリーな施設がそのまま数十年間放置されて荒廃したため、状況としては『不思議の国のアリス』と『ジャングルクルーズ』が一緒になったような状態だ。まさに『ディズニー鬼怒川支店』といった趣《おもむ》きである。

ちなみに、モーテルは『モータリスト』と『ホテル』の造語で、本来は『自動車旅行者の宿泊所』というのが正しい意味。この欧米文化が輸入されるとき、日本では完全にラブホテルと同義に翻訳されてしまったが、一般にモーテルは部屋の一棟一棟が独立した建物になっているという点で、その辺のラブホとは区別されたい。こうしたモーテルは田舎の郊外ではいまでも見かけることができるが、都心部では土地の問題からか、すでにレアな物件になっている。

しかし、利用者にとってはほぼ完全にプライバシーが確保できるので、どんなにアノ声がデカイ女を連れていっても安心というのが嬉しい施設なのだ。

さて、この物件はというと、その規模は都内のラブホとは比べ物にもならないほどの巨大さ。全十七棟のほとんどが中を覗いて見て回ることができたが、それぞれに趣向を凝らした部屋になっていて、使えば満足のモーテルである。さすがに昭和五十年代建造の物件であるため、いまどきのラブホに比べれば、かなり露骨《ろこつ》な性臭《せいしゅう》が漂うダサイ設備と内装であるが、今、逆にこの猥《わい》褻《せつ》さが燃えるような気がする。全面ガラス張りのベッドルーム、豹柄《ひょうがら》の真っ赤な回転ベッド、奥ゆかしく隠された風呂の覗き窓。もちろんカラオケやゲームなどないが、その分、人をスケベのみに向わせる潔さがある。ヤルっきゃない――。訪れた男女にそんな決意をさせるムードで満点なのだ。露骨な性臭というのは、つまりそういうことである。このモーテル、今なら無料だ。

ジャングルの中にラブリーなコテージが建ち並ぶ敷地内。どこかのテーマパークのようだ。しかしココ、かなり広いです…。

休憩三千円で、泊まりが四千五百円。こりゃ安い。

だ、大名ベッド？ なんちゅうスケベなベッドじゃ。和室のベッドはどれも悪趣味というか下品というか…これがイイのかな？

管理棟の部屋。現金商売らしい大きな金庫。開鍵にトライしてみましたが無理でした。床に落ちていた『思い出のノート』には大爆笑。

もっとも高い部屋はサウナ付き。でも一泊七千円でした。安い！

都内のラブホに比べたら格段に広い浴室。スケベな覗き窓もアリ。

見るも美しい赤の回転ベッド。デビッド・リンチの映画に使えそうな雰囲気すら漂う。こういう鏡って、いまどき見ないよね。

赤いカーペットにゴージャスなソファがいかにも昔のラブホ。この下品さで燃えるのだ。それにしても無駄に広い…。

こちらは青い部屋。どの部屋もけっこうセンスいい。ん？ 床にティッシュが。無料でご使用になったお客様もいたようです。

RUIN FILE No.16

蔵造りのアパート廃墟

1997年3月5日（水）晴

古き良き昭和の香り漂う
蔵造り不思議アパート……

栃木市の繁華街の一角に、ちょっと変わった蔵造りのアパートの廃墟がある。その昔は麻蔵として使われ、内部を改造して各室を貸していたという。中に入れば、低い天井、狭い部屋、小さな扉と、こりゃまたなんとも不思議な造り。扉を開ければ、あの頃の時代の空気が我々を昭和の世界へと連れ戻して……。

■栃木県栃木市本町

栃木市のとある繁華街。ここに珍しい蔵造りのアパートがあるという情報を聞きつけて、我々はこの珍奇な物件を見にやって来た。この物件はその昔、荒物問屋が麻蔵に使っていたという建物。しかし、昭和三十年代に商売をたたみ、その後はアパートに改造して各室を貸していたが、そのアパートも昭和四十年代に完全封鎖。以来三十年以上にもわたって、この物件はずっと廃墟になったままであった。

元「蔵」というだけあって、外観は重厚な造り。しかし、二つ並んでいた蔵の真ん中に建物を付け足して、無理やり人が住めるアパートを造ったために、中の様子は実にトリッキー。とってつけたような炊事場、極端に天井が低い部屋、ほとんど垂直という二階への階段、たったの二畳しかない部屋、上がったり下がったりの、けして平らではない廊下……。まるでファンハウスに迷い込んだようで面白かったが、ここにいた人たちはさぞや住みにくかったことだろう。それにしても昔の人は体のサイズが小さかったのか、家のパーツが現在の物に比べると極端に小さい。部屋が狭く天井が低いこともさることながら、肩幅ほどしかない廊下や小さな部屋の扉など、まるで自分が大男になったような錯覚すら覚える。

玄関部に回ってみると、当時の靴箱に靴が入ったままの状態で残されていた。ネームプレートにも名前が残されており、全部で三四名分ある。こんな広いようで狭い建物に、三四世帯も暮らしていたということか。靴箱にはお婆ちゃんが履いていたような草履《ぞうり》や、お爺ちゃんが履いていたような古めかしい革靴が静かに収められていた。

部屋の窓辺に腰かけ、通りの様子を眺めてみれば、何となくまったりとした時間感覚、そして、どこか懐かしい雰囲気が全身に漂ってくる。これが古き良き昭和の香りというものか。ここに住まった家人たちの残像が見えるようである。いつもは嫌な廃墟独特の澱んだ匂いも、この物件に限っては、ある種時間のネジを巻き戻すパフューム効果があるようだ。ちょっと隠れ家的に住んで、セカンドルームとして住んでもいい建物ではあった。

ちなみにこの物件、現在は栃木市の観光土産屋さんにその姿を変えている……。

蔵は二つ並んで建てられていたが、その真ん中にさらに建物を付け足して賃貸アパートに改造した。ムチャな造りである。

二階から崩落した蔵の天井を見る。腐朽が激しく、屋根も床も穴だらけ。

とって付けたような急造の流し台。実際、とって付けたわけです。

蔵らしい重厚な扉も残されていた。出入口としても利用されていたが、開閉は大変であったであろう。

ひと部屋ひと部屋は非常に狭く、天井も低い。身長一八〇センチの筆者で巨人である。隠れ家的にはいい部屋なのだが…。

玄関からいきなり急階段。住人には老人が多かったようだが、大丈夫だったのか？

玄関と下駄箱。古めかしい革靴やサンダルが残されていた。

この廃墟を知る手がかりとなる多数の資料をこの部屋で発見。

COLUMN No.03

廃墟と浮浪者

Vagabond and the Ruins.

廃墟に付き物の浮浪者 もしも彼らに出会ったら？

およそ百件を超える廃墟探訪のなかで、浮浪者とバッタリと出くわした、あるいは明らかに住んでいると感じ取れたのは六件である。本文にも触れたことだが、ここでもう一度記しておこう。

もっとも戦慄したのは、浮浪者が何人も住み着いていた目白のマンション廃墟(P.018)。ここでは、一階のテナント部屋に入るなり、シンナー中毒の親父がいきなりスーハースーハーしていて驚いたものだ。向こうもだしぬけの来客に驚き、ビニール袋を口にあてながら、ラリった目でこちらを敵視していた。まさに、動物とニラみあった緊張状態。見れば、男の傍らには包丁があるではないか。このときは本当にビックリした。さらに、その建物の四階に行くと、今度は玄関に貼られた警告文を発見。このときはマズイことに帰ってきた家人と鉢合わせになり、ゴルフクラブで追いかけ回されるハメになったのである。

また、下田のホテル廃墟(P.052)では、とある一室で干した洗濯物を発見。明らかに誰かが住んでいる生活臭が感じとれた。しかし、幸いにも家人は不在。だが、部屋の中をよく見ると、机の上に大量の打ち上げ花火が置かれており、明らかに火薬をほじくって爆弾を作っている形跡がある。これはアブなすぎる。こんなヤツと出くわそうものなら、ほぼ格闘になることは間違いないのである。

あるいは、現実に浮浪者が餓死していたという部屋もあった。八王子の高台にあるアパート廃墟(P.010)での出来事で、我々が部屋に入った前日に死体が発見され、警察によって運び出されていたのである。ここに住んでいたのは、生活のすべてを紙袋に詰めて放浪するショッピングバッグ・レディと呼ばれる女の浮浪者で、部屋に散乱していた三面鏡の破片、手グシなどが実に不気味であった。死体は小さな風呂桶の中にうずくまるように入っていたという。

また、「夜な夜な読経の声が聞こえる不気味な心霊廃墟がある」という話を聞きつけて訪ねていった練馬の一軒家廃墟(P.014)では、本当にお経を読んでいるバカ者がいて呆れ返ったものだ。ゴミ置き場と化した一階をかきわけて二階に上がると、壁中に写経した紙が貼られており、ややびっくりしたものの、その正体は心霊廃墟でもなんでもなかったのである。

そして、栃木のビリヤード場廃墟(P.066)では、窓から侵入するなり、寝ていた浮浪者をだしぬけに踏みつけてしまった。「いてぇ!」と声をあげた顔の主は、まだ二十歳そこそこの若い浮浪者。廃墟の取材を済ませた後、筆者は出口にまだ寝転がっていたその浮浪者に声をかけ、「おまえ、まだ浮浪者になるには早いんじゃねえのか？」と人生訓をたれて、とくとくと説教をしてやったものである。いきなり窓から入ってきた男に人の道を説かれて、彼はいったい今頃どうしているだろうか？

さらに沖縄の巨大ホテル廃墟(P.122)では、「ここの管理人だ」と言い張る浮浪者と遭遇。本当に巨大なホテル廃墟だったが、この浮浪者はあちこちに洗濯物を干して領土を主張してみたり、小さな穴に食べ物を隠すなど、動物のような習性を持っていた。

このように、廃墟を巡るうちごくたまにだが浮浪者と遭遇することもある、のだ。それは地方部よりも都心部の方で、その可能性は高まると言える。それにしても、筆者も廃墟探訪を続けてきたおかげで、人が住めそうな廃墟には実に詳しくなることができた。自分が浮浪者になったときは、きっと雨露をしのぐ苦労はしないですむだろう。

RUIN FILE No.17

伊香保山中超大型病院廃墟

1997年3月6日（木）曇

あの世とこの世の境界線
伊香保山中サナトリウム廃墟

まだ冬の寒さが厳しい三月初旬、我々は温泉地で有名な伊香保町にやってきた。だが、温かい温泉に入りに来たのではない。身も凍る廃墟に入りに来たのだ。ここ、伊香保山中に山の冷気に守られた巨大な木造平屋建ての病院の廃墟がある。枯れた草木を踏みしめ歩き、たどり着いた先に我々が見たものとは……!?

■群馬県渋川市金井

枯れた森林の中で静かな妖気を放つその病院廃墟は伊香保山中にあった。木造平屋造りの病室がどこまでも続くサナトリウムの廃墟である。外壁と屋根の色が森林の色彩に溶け込んで、その佇まいは美しくもあり、怪しくも見えた。間違いなく多くの臨終に立ち会ってきた場所だけに、その建物が放つ雰囲気は非常に文学的ではあるが、周囲は有刺鉄線がグルグルに巻かれ、不気味であることもまた確か。山の澄んだ冷気が、妙に気持ち悪いのだった。

建物の中は、当たり前だが極めて静寂。古めかしい木造建ての暗さが不気味この上ない。長い廊下に連なって病室が並んでいるが、天井の染《し》みが人の顔に見えたりして、何とも言えずオカルトな雰囲気。各部屋の入口上部には赤いランプが備えてあるが、これは当時のナースコールである。もしも今、これが点いちゃったりしたら……。想像するだけで恐ろしい。各病室は、全室長期入院できるような畳敷きの個室。この世間と隔絶された静かすぎる環境……。残された医療機器からも、肺病や心臓病などを抱えた患者が療養のために来ていた施設であることが推測できた。病気の治癒を念じながらも、山を下りることなく家に帰れぬままここで逝った人もいるだろうから、ただの病院よりもさらに悲劇である。

敷地内を散策すれば、堆積《たいせき》した落ち葉に埋もれて車椅子やベッドなども。とにかく広い敷地は、歩けど歩けど暗い病棟がどこまでも続く……。

そして我々は、ちょっと離れた場所に別棟を発見した。その本館との離れ具合から、すっかり隔離病棟かと思ったのだが……そうではなかった。割れた窓からそっと中を覗くと、枯れた菊の花がチラリと視界に入った。「ん？　まさか、ここは……」。脳天を貫くような嫌な予感は的中した。その別棟は霊安室と死体安置所だったのだ。ゲエッ、イヤなもの見ちまった～!!　窓越しに中をこらして見ると、そこに祭壇と死体を洗うための陶器製のベッドが置かれてあるではないか。うわ。しかし、なぜか目が離せない。瞬間、屋根から滴《したた》り落ちた雪解けの雫がポタリと頬を伝う。ひえ。

見てはならぬ物を見た気がして、私は心底ゾッとした……。

広い中庭の一角に車椅子やらベッドやら、病院らしいアイテムがいろいろと打ち捨てられてあった。寂しい風景である…。

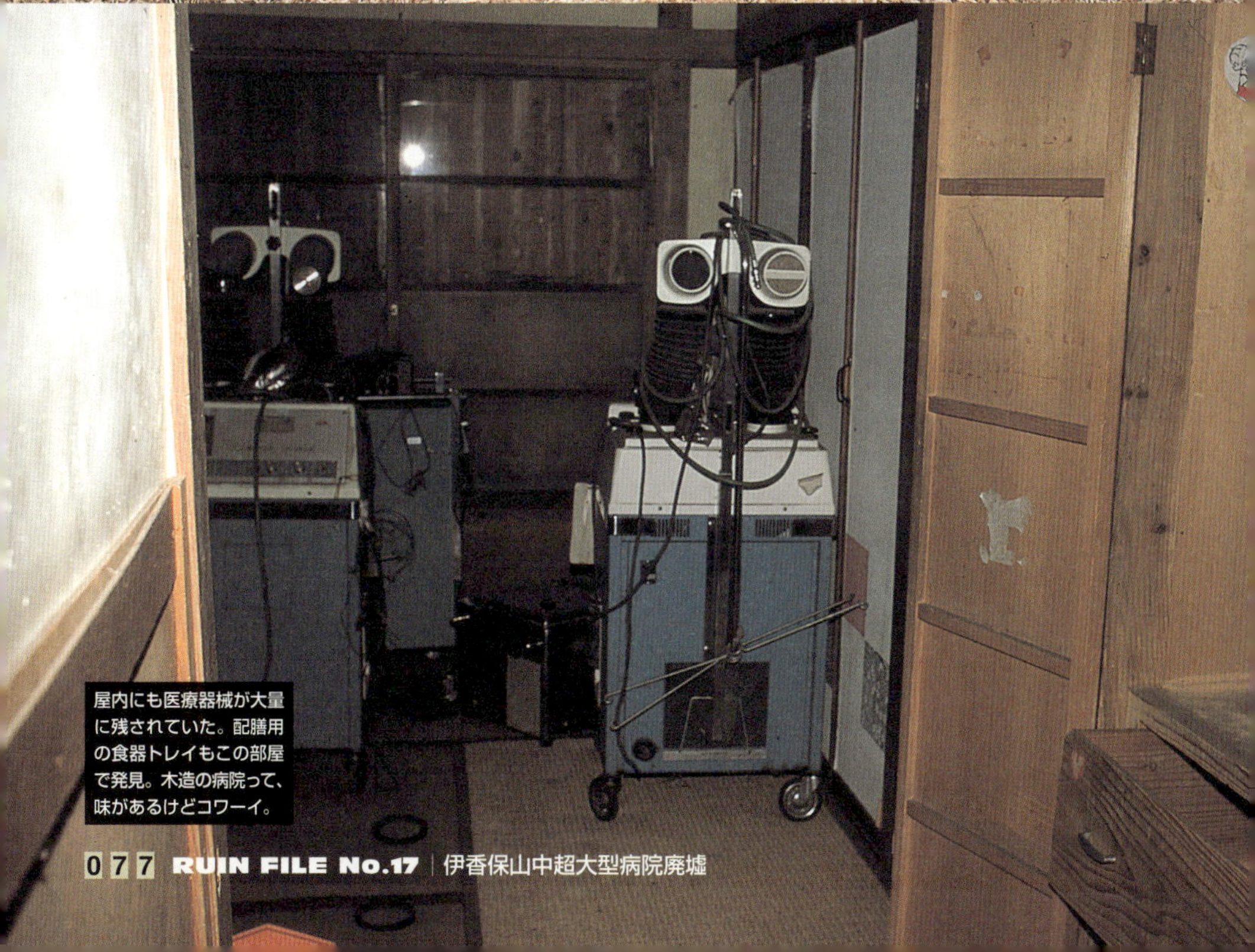

屋内にも医療器械が大量に残されていた。配膳用の食器トレイもこの部屋で発見。木造の病院って、味があるけどコワーイ。

診療病棟の長い廊下。天井のシミがなんとも…。入口上部の赤いランプが当時のナースコールだ。

小児病棟前には遊具も。幽霊話はこういう所から生まれる。

宿直室。生活道具や人形などが残されていた。

素っ気のない便所。しかし廃墟になってもこの清潔さはさすが病院。大便用の扉は開けられないようにしてあった。

かなり離れに建てられていた別棟。そう、ここが死体安置所。ガーン！ 窓を覗けば祭壇と菊の花、陶器製のベッドが…。

病院の玄関部。立て掛けられていた掲示板に、当時の入院患者たちのネームプレートを発見。何人が生還できたか？

RUIN FILE No.18

湖畔沿いの観光旅館廃墟

1998年8月10日（月）晴

岬に屹り建つラビリンス 湖畔沿いの迷宮旅館廃墟

富士は河口湖の小曲岬《こまがりみさき》に、周囲の景観とはおよそ不似合いな巨大旅館廃墟がある。岬の山腹に無理に建てられているため、内部は迷路のような造りで、しかも最上階までは歩いて上らなければならない。上れども上れども先は見えず、あげく途中で道に迷う我々。何度も何度も同じ場所に……ここはいったい!?

■山梨県南都留郡河口湖町

その昔、富士五湖周辺は新婚旅行のメッカであった。もちろん、現在でも多くの観光客がこの地を訪れているが、時代の変遷とともに観光地としての集客力は次第に弱まり、現在ではひと昔前の賑《にぎ》わいをここに見ることはない。とくに河口湖は周辺に豊富な観光資源を持ち、富士五湖を代表する湖であるが、こうした事情によって、また、多くの店が軒を下げていった場所でもある。

ここに紹介する廃墟物件もそのひとつ。一時代の栄華はどこへやら。寒々とした茶褐色の裸体を湖面にさらす観光旅館廃墟である。

河口湖にせり出す小曲岬に建つその物件は、現在の建築基準法では絶対に認可が下りないような摩訶不思議な造り。階段状になった十階建ての建造物であるが、その造りゆえにエレベーターが一基もないのである。三階部分にあたるフロントまでたどり着くのもひと苦労だが、そこから最上階の部屋へ案内されようものなら、たまったものではない。しかも、増設による増設で内部はどんどん迷路のような構造になってゆき、これではおそらく酔客《すいきゃく》が自分の部屋に帰るのは難しかっただろうと思われる。我々がシラフで探索していても迷子になってしまうような、まったく奇妙な形をした物件なのだ。

急な勾配《こうばい》の階段、複雑に交差した廊下、かと思えば意外なところに客室の入口。これでは老人の宿泊は無理。部屋を間違えて新婚さんの部屋の扉を開けてしまいそうである。無謀な事業の拡張が、結果的に首を絞める結果になったのは明白であった。

しかし、このような物件を探索するのは楽しいものだ。一度のぞいた部屋を何度ものぞいてしまうといったことを繰り返しながらも、我々はようやく登頂に成功。廃墟の屋上から一服しながら眺める河口湖も、なかなかオツなものだった。

この物件、夏の肝試しには最高のステージになることは間違いない。また、サバイバルゲームの戦場として、屋上とフロントに分かれてBB弾を打ち合うインドア戦というのも面白いだろう。再度訪れるときは愛銃『M8000クーガーF』でも持っていこうか、と思うのだった……。

客室からメチャメチャ遠いところに位置する展望大浴場。これでは部屋に帰るまでに完全に湯冷めしてしまう。とほほ〜。

大宴会場。崖の斜面にムリヤリ増設された構造のため、左の窓からは湖が見えるが、右の窓は岩肌がむき出しのまま…。

「夢の宝石風呂」と名付けられていた大浴室。珍しく男女混浴の風呂であった。新婚さん向け旅館ならではの演出である。

屋上にようやく登頂。一服しながら河口湖を望む。エレベーターが一基もないため、ここまではそうとう歩かされる。

二階にあるドリームパブ『アバ』。この名前が…。下に落ちていたパンフによれば、「今宵、あなたがスター」だそうです。

客室でネコの腐乱死体を発見。廃墟ではよく動物の死体を見かける。動物は誰もいない場所を死に場所に選ぶという事実が、ここからもわかる。

六階のゲームコーナー。広い室内にヴィンテージゲーム機を多数発見するものの、残らず片っ端から壊されていた。残念。

RUIN FILE No.19

不思議な風俗サウナ廃墟

1998年9月10日（木）晴

茨城文化の不思議空間……特殊浴場にして大衆浴場!!

茨城は鹿島郡に不思議なサウナの廃墟がある。公衆浴場と特殊浴場が一緒になった、見たことも聞いたこともないような風俗店の廃墟である。しかし、十数年前の火災が原因で、この風俗店はあえなく閉店。以後、当時の面影を一部に残したまま、この廃墟は今もその姿を晒し続けている。

■茨城県鹿島郡神栖町

さて、ここに紹介するのは、とあるサウナの廃墟である。しかし、サウナといってもここ、実はソープランドであり、茨城県のこの地方では、サウナといえばソープのことを意味するらしい。

店は平和な住宅街の一角にあり、小さな風俗店がいまだ何件か営業しているものの、この小規模な繁華街そのものが、すでに廃墟化しているのであった。この辺りは鹿島臨海工業地帯が近くにあり、かつては出稼《でかせ》ぎの工場労働者たちで賑わった時代もあったらしいが、今、その面影はどこにも見当たらない。歯抜けのように店が消え、撤退した店の跡地に新たな店が開かれることもない。街そのものの死滅も時間の問題のように感じられた。

このサウナ廃墟も一時代はそこそこ客を呼んだ人気店だったが、次第に集客力が弱まり、ついに閉店となった。しかし、閉店の直接の引き金になったのは、個室から出火した火災が原因。この火事で建物は半焼。やる気をなくした経営者がそのまま建物を放り、以来十数年以上もの間、廃墟としてここに存在し続けているのである。

中の様子は、マットやスケベ椅子など、当時の様子をそのままに残すエッチな部屋が見られるものの、火事で焼けた部分は炭となった柱がむき出しになったままで、いつ倒壊してもおかしくないという危険な状態。しかし、地元連中に荒らされた様子もなく、火災の難を逃れた部屋はまだ使えるのではないかと思うほど。

それにしても、ヌキ系の風俗店では客同士がなるべく店内で鉢合わせにならないような動線づくりが基本とされるが、この店は特殊浴場であり、また大衆浴場でもあるため、客同士が否が応にも顔を合わせる間取りになっている。サービスの部屋だけはさすがに個室になっているが、それ以外はすべて男同士の共同スペース。これがどうも初めて訪れる風俗店のようで、慣れない感じであった。スケベに来た男たちが、広い風呂で、熱いサウナで、気恥ずかしい沈黙のひとときを共有しあうわけである。まァ、これって男同士の妙な連帯感が生まれて楽しい風俗遊びかもしれない。

ウ～ン、この廃墟、営業しているときに来てみたかったぜ……。

マッサージルームに風呂はなく、あるのはマット、シャワー、そしてスケベ椅子のみ。個室サービスは、もちろん本番である。

かたや消失した個室。骨だけになったベッドのスプリングが痛々しい。安い造りだったため、火の回りは早かったようだ。

客同士が裸で顔を見せ合う大浴室。女のコも入って、いったいどんな状況だったのだろうか。楽しそうなお店である。

サウナルーム。マッサージサービスにやってきた客同士のコミュニケーションルームだ。無言の沈黙で語り合うのだろう。

二階休憩室。一階から出火した火は天井を突き抜け、二階の屋根まで達した。そして、この部屋にも上から火が回った。

二階の落書き。こんな場所で愛を誓わなくてもいいのにネー。

醜く半焼した一階の受け付けフロント部分。天井が今にも崩れ落ちそうな危険地帯。予約を入れようにも誰もいない。

RUIN FILE No.20

水戸のソープランド廃墟

1998年6月18日（木）雨

男の夢は泡と消えて泡姫の城、落城せり……

茨城県は水戸市に、お城を模したソープがある。一時は老舗と言われたこのお店。敷地面積六〇〇坪という、都内では考えられない規模を誇ったソープも、不景気となってはその大きさが命取り。男の夢の宮殿は、泡姫たちの竜宮城は、バブルとともに泡と消えて……。

■茨城県水戸市大工町

ソープ街に活気がなくなって久しい。昼間っから焼き肉食ってソープに出かけ、一杯飲んでタクシーで帰るという酔狂な男たちを、すっかり色街で見かけなくなってしまった。東京の吉原、川崎の堀之内、千葉の栄、滋賀の雄琴、大阪の新地。ソープ街と呼ばれる土地は全国に幾多もあるが、どこも歯抜けのようにポツポツとその店舗数を減らし、景気の悪さは底なしの様相を呈《てい》している。

ここ茨城県にも、『水戸の大工（町）』との呼称で、地元のスケベたちから親しまれるソープ街がある。街の規模こそ小さいものの、二十店ほどのソープがひしめく泡姫たちの街。一時はそれなりの活気もあったようだが、現在この街への客足は遠のき、ブラリと歩けば地方都市の不景気ぶりをこの上なく見せつけられてしまう。

この地に、ひと際大きく、異様な風体で周囲を圧倒する巨大なソープランド廃墟がある。宮殿を模した泡のお城で、その美的感覚はまさしく風俗のそれ。

裏手に開いていた宮殿の小窓から体をすべり込ませると、我々はさっそく内部への探索を開始した。まず始めに驚かされたのが、その玄関ロビーの広さ。敷地面積六〇〇坪に建てられているだけあって、実に贅沢な空間だ。壁画、池、赤い絨毯。客で来たら高いんじゃないかと、思わずビビってしまいそうな造りである。しかしこのお店、床に落ちていた料金表を確認すると入浴料は一万円。するとサービス料は一万五千円というところだから、割引を入れても二万円ちょっとで遊べる店ということか。これは大衆店の値段である。建物は豪華だが、値段は良心的。いい店じゃないか。

肝心の個室も都内では考えられないような広さで、一フロア四室、この規模で全十六室しかないという贅沢さ。広いバスタブ、どんな無茶でもできそうな洗い場、そしてダブルベッド。女のコがいれば、すぐにでも三輪車といきたいところだが、今日はあいにく誰も出勤していないようである。

結局、このお店は、建物の規模と個室の広さが命取りになったよう。でかい器は部屋の稼動率が落ちれば、それだけで赤字。水戸の大工で、もっとも早い閉店とあいなった……。

玄関部分。ソープのロビーとしては広すぎる。客で行ったら思わずビビってしまいそう。この高圧的なムードが敗因か!?

赤いカーペットの上に料金表や案内状、女のコたちの名刺が散乱する。女のコの名刺は、どれも下品な源氏名ばかり。

内装が宮殿風に装飾された個室。個室の洗い場が都内のそれよりは倍近く広い。これならどんなムチャでもできそうだ。

ソープの基本"浅く広いバスタブ"も金色でゴージャス。しかし風俗廃墟というのは生前が生前なだけに、深いものがある。

個室に急ごしらえの椅子と机が設置されてあった部屋。閉店会議の跡なのか、あるいは誰かがここを占有していたのか…。

各室ともに広さは一緒だが、バスタブの形や部屋の色彩、間取りに変化がある。蒸し風呂もグッドだ。いい店じゃないか。

RUIN FILE No.21

リバーサイドホテル廃墟

1998年7月18日（土）曇

鳩のフン、人のクソ……!!
リバーサイドは糞まみれ

利根川沿いに唐突にそびえ立つ一軒のビジネスホテル廃墟。周囲の景観に比べれば、シーツにたらした一点のシミのように黒々と存在していた。中に入れば、おびただしい量の鳩のフン、さらには人の人糞までもが……。進みゆくほどに、なぜか体が痒くなってきて……。

■千葉県香取郡小見川町

利根川沿いに一軒のビジネスホテルの廃墟がある。その名もズバリ、『リバーサイドホテル』。眼下に利根川を見下ろす五階建てのホテル廃墟である。店構《がま》えはたしかにビジネスホテルのようだが、周辺にビジネス街や、これといった観光資源はなく、「どうしてこんな場所に？」といった感は否めない。昼も夜も人通りの少ない川沿いならば、いっそラブホテルにした方がよほど流行《はや》っただろうにと、そんな第一印象を持つ物件であった。

外観を見ると、窓ガラスがあちこち割られ、地元民たちにそこそこ荒らされた形跡が見られる。しかし、その後の住民からの苦情で周囲を鉄板で固め、簡単には侵入ができないような処置が施されてあった。しかし、草むらを越えた建物の裏手に回ると、一カ所の侵入ポイントを発見。我々はこの割れたガラス窓から、中に入ってみることにした。

建物に入ると、カビの臭いなのかフンの臭いなのか、とにかく臭い。内装はいかにも一時代前の安ビジネスホテルといった雰囲気で、しかもツブれて十年以上も経過しているため、傷みも激しい。我々は上階から見ていこうと、エレベーターに乗ろうとしたが、扉を開けると大穴が開いていた。しかたがないので階段を上る。

最上階である五階のフロアは、展望レストラン。ガラスがほとんど割られているので風通しと眺めはいいが、鳩が入ってきているせいか、床に落ちたフンの量がおびただしい。階下に降りて全部屋を見回っても、あちこち鳩のフンだらけである。人が来なくなった代わりに、大量の鳩たちがこの建物を自分たちの巣に占有しているのだった。

なかには明らかに人糞と思われる物体も落ちているので、実に不潔極まりない。

「あちこちウンコだらけじゃないか！」

不用意に足で踏みそうになり、非常に不愉快な気持ちにさせられる。しかも、この廃墟の中で虫でもわいているのか、進み行くほどに体が痒くなってくるではないか。喘息《ぜんそく》や皮膚アレルギーの体質を持つ人なら一発で発症しそうである。さらには、とある部屋で使用済みコンドームも発見。やりますか、ここで……。

我々は只々あきれかえるのだった。

五階の展望レストラン。ガラスが割られていて眺めはいい。だが、ひとたび鳩が来襲すればヒッチコックの『鳥』状態に。

部屋のいたる所におびただしい量の鳩のフンが…。

ここにも人糞が！ しかもシーツで枕で尻を拭いて…おえっ。

客室ユニットバス。便器ではなく洗面台に新鮮ウンコが大量に…。

ボロボロのカーテンの下に川が見える。川岸では地元消防署が消防訓練を行っていた。おっと、目が合ってしまった。

年代物のレジスター。ホテルのレジがこんなので大丈夫だったのかネ。中身は当然、空っぽでした。

一方、窓が閉めきられた部屋は湿気がこもり、天井が剥がれ落ちていた。不気味な姿のうえに異臭もすごい。ん？ 痒いぞ。

シングルルーム個室。エロ本＆オナニーの形跡を発見。ティッシュぐらいはゴミ箱に捨てていこう。しかし古いエロ本…。

RUIN FILE No.22

鳴門の展望台ホテル廃墟

1998年4月3日（金）晴

ここは四国の廃墟一等地
鳴門をのぞむ展望台廃墟

徳島県鳴門市。この町は本州と四国を結ぶ橋の完成で経済の発展が約束されたかに見えたが、否、そうではなかった。周辺の観光地は逆に若年人口が流出してしまい、かえって不景気が加速してしまったという。結果、倒産、廃墟行き。この理不尽な土地で、我々が出会った死にたくなるような廃墟とは……？

■徳島県鳴門市瀬戸

関西は関東以上に廃墟があると聞き、また、四国はその関西以上に廃墟があると聞く。廃墟の宝庫、四国。本州とを結ぶ夢の架け橋が何本もできたため、この四国では観光客が入って来る以上に人口が流出してしまい、町はまったく理不尽な目に遭わされているという。そこかしこに見られる無人の荒廃は、そうした事実を如実《にょじつ》に語り、自然淘汰の憂き目にあった廃墟群は、弱々しく我々にその存在を主張していた。誰もいない観光地にわざわざ大枚をはたいて遊びに来る奴らなんざ、全国でも我々ぐらいのものだろうか。

今回、我々がやって来たのは、徳島県鳴門市。荒々しい鳴門と、ワカメの養殖で知られる往年の観光名所である。ここでも、さまざまな廃墟群を見かけることができたが、そのなかでも、ひときわ我々の気を引いたのは、小山の高台に建つ展望台ホテル廃墟であった。ここは、海も橋も町も一望できる絶好の観光ロケーション。にもかかわらず、あえなく閉店、廃墟となった。歴史的使命を終えたその佇まいは、天気の良い良日にはかえって寂しさを際《きわ》立たせる。外観をなめるようにグルリと一周し、侵入ポイントを確認すると、我々はさっそく建物の中へと体をすべり込ませた……。

この物件、海へと続く断崖絶壁に建っているため、地上露出部分が実は建物五階という妙な造り。しかも、北斜面のため陽当たりは悪く、天気が良くとも中は暗闇という哀れな状況であった。窓の眼下には鳴門の渦。海への身投げ自殺を決め込んだら、投身ポイントの下見には、ここは実にうってつけの場所といえる。鳴門の渦を見続けていると、「あ〜、こりゃ死ぬな。死ねるよ、ここは。きっと浮かんでこれないんだろうな……」などというネガティブな妄想が自然に湧き出してしまうのだ。あ〜恐《こわ》。

内部そのものは侵入者による乱暴の跡はそれほどないが、極度の湿気のため壁材、畳などは完全に腐り、頭上も足下も常に危険な状態。特筆すべきは廊下部分で、所々完全に大穴が開いており、ここを通過するにはロッククライマー並みの度胸と覚悟を要求された。どこまでも地下へと降りる階段、湿った厨房、宴会場。暗い、暗すぎる。

う〜む、ここなら死ねる——。

展望ラストラン部分。高台だけあって眺望は抜群なのだが、この日当たりの悪さはただごとじゃない。昼間なのに真っ暗。

異国情緒を誘う壁面のポスター。それにしてもヒドイ状態だ。阿波踊りを踊るおねえちゃんの笑顔が虚しく目に映る。

湿気によって天井の壁材がフンドシのように垂れ下がった大宴会場。ものすごくカビ臭いうえに不気味。こりゃ、たまらん。

従業員室。敷地内に無理に部屋を造ったため、妙な形の六畳の部屋になっていた。

てっぺんから地下まで一気に降りる階段。一度転がり落ちたら大変なことに…。

COLUMN No.04

廃墟の寿命

Life span of the Ruins.

廃墟の年代特定方法とは？

廃墟を自分の物にする方法とは？

ひと口に廃墟といってもそれぞれに特性があるが、とりわけ都心部と地方部での廃墟の違いを述べるとすれば、それはまさしく"寿命"と言える。

都心部の廃墟はすぐに取り壊されたり、更地にされたりするなどをして、その廃墟の寿命はきわめて短いが、地方部の廃墟のそれは崩れ落ちるまではほとんど半永久的であるといっても過言ではない。もちろん、これは土地活用の問題であり、その後土地が売れるか売れないかに依るところが大きいわけだが、地方部の物件というのは、一度廃墟になったら、通常いつまでたっても廃墟のままである。これが十年経ち、二十年経ってようやく味を出しはじめ、我々が『廃墟美』と呼ぶ独特のテイストを持ちはじめるわけだが、こうした点において、廃墟はワインやウィスキーと似ていると言えるだろう。まして三十年、四十年物となると、その荒廃ぶりといい、腐朽ぶりといい、それこそサザビーズ・オークションに出品したくなるような素晴らしい物件となるが、ここまでの物件にはさすがになかなか出会うことは難しい。

廃墟の年代特定方法は、壁に掛けられた当時のカレンダー、床に散在するパンフレット、雑誌、その他備品からいろいろと判別することが可能だ。パチンコ屋の廃墟（P.056）では、朽ち果てていたパチンコ台から年代が特定できたし、モーテルの廃墟（P.068）や観光旅館廃墟（P.080）、保養施設廃墟（P.100）では、残されていた宿の台帳、絵はがき、落ちていた領収書などから年代が特定できた。さらに、この保養施設廃墟では従業員室前の廊下に落ちていた雑誌の特集が『妖精コマネチ』であった。こういうことからも廃墟の年齢は判定できる。やはり年代物の廃墟に出会ったときはウレシイもので、探索にも思わず力が入るものである。

五つ星旅館廃墟（P.118）では、当時のビールの料金表、当時発売されていたカゼ薬などの医薬品が残されており、廃墟の年代はこれらから判別した。廃墟の価値はけっしてその規模や大きさではなく、その歴史と年齢、廃墟に至る道程にあると言えるだろう。

だから、筆者は都心部よりも地方部の廃墟の方が好きなのである。この本を手に取った読者諸君も、ただ「恐い恐い」と言うのではなく、その物件を探偵のように調べ、前史を推理してみることだ。その推理の正しい答えなど必要ない。奥深く味わう、ということが大切なのである。

最後に余談になるが、寿命の長い廃墟を"もしかしたら自分のものにできる"方法があることをご存じだろうか。他人の家や土地に勝手に住み着き、三十年の間「俺の家だ。返せ」と言われず、うまく見つからずに住むことができれば、その家を自分のものにすることができるのである（時効取得／民法第一六二条）。十年以上経過している廃墟は、所有者が死亡するなどをして権利が不在になっている場合も少なくない。十年、二十年ものの廃墟があったら土地の登記簿謄本を調べて所有者を確認し、本人が存命かどうか、相続人がいるかどうかを確認したうえで住み着こう。マンションや家を買って三十年返済の住宅ローンを払い続けるよりも、こんな時代はこっちの方がリスクが少ないかもしれない。三十年後にもし真の所有者が現れても「時効取得した。登記させてもらう」と言えばよい。都心部ではこの話の実現性は乏しいが、寿命の長い地方部の廃墟ならば、案外あっさりできちゃうかも、である。

筆者もいよいよ人生の命運が尽きたときは、「ここならばイケる」と思う物件をすでに何軒か見つけてある。むふふ。

RUIN FILE No.23

倒壊寸前の保養施設廃墟

1998年4月3日（金）晴

海岸侵食で倒壊間近……!!
海に傾く保養施設廃墟

浜辺に建つ保養施設の廃墟――無人の館になって三十年の歳月を経るこの物件は、この間の海岸浸食によって次第に建物が傾き、近い将来の全倒壊を予感させた。廃墟の屋内は予想以上に平衡感覚が失われ、非常に危険な状態。「もしかして、今倒れちゃったりして」――そんな不安が我々の頭をよぎるのだった。

■徳島県鳴門市瀬戸町

この廃墟は、波打ち際の砂浜をコンクリートで固め、その真上に五階建ての宿泊施設を建てたという物件であった。

したがって眼前は紺碧《こんぺき》の海。景色は抜群に素晴らしいのだが、この建物、よく見れば、アラ……か、傾いてる!?

そう、この廃墟は無人の館となった三十年あまりの間に、すっかり建物まで海岸に侵食され、建物自体が傾いちゃっているのである。後に事務室で創業当時の写真を確認してみたら、今よりも波打ち際はもっと遠かったようだが、現在では建物の基礎の下まで海水が入り込み、コンクリートの地盤はメチャメチャに割れている。おかげでホテルはグラリと二度ほど海に傾き、実に危険な状態なのだ。およそ十数年以内の全倒壊は、ほぼ確実なのではないだろうか？

建物の周囲には当然だが、「危険！　立入禁止!!」の立て札とともに有刺鉄線がグルグルに巻かれてあった。真下から上を見上げると、建物がこちらに覆い被《かぶ》さってくるように見えて非常に恐ろしい。なにしろ、今倒れないという保証はどこにもないのである。壁面にはクラック（ひび割れ）が無数に走り、剥離《はくり》したコンクリート破片が崩落してくる危険も十分にありそうだった。とはいえ、ここまで来て入らないテはない。我々は唯一の突破口を見いだし、さっそく内部への探索を試みた……。

それにしても、傾いた物件に入るというのは実に恐ろしいものである。床が一部抜け落ちそうになるというのではなく、建物すべてが危険。水平でない屋内を歩くというのも、奇妙な感覚だった。開いた毛穴から汗が噴き出し、ここに居てはいけないことを体が教えてくれていた。

まずは厨房を覗いてみる。すると、配膳作業が途中で止められ、いきなり全員が逃げ出したような雰囲気がある。事務室も引っ越しなどで整理された様子はなく、再びすぐにでも営業が始められそうな気配。ある日突然にホテルが傾き、全員がたちどころに逃げ出したとでもいうのだろうか。最上階の五階に上がり、窓から下を覗いてみると、やっぱりこの建物は傾いていた。

「こりゃ、危ねえや」

手早く内偵をすませ、我々も早々にこの廃墟を後にするのだった……。

落ちていた雑誌の特集が『コマネチ』。タイムスリップしたようだ。

ロビー部分。廃墟になった後、犬が迷い込んだのか餓死していた。

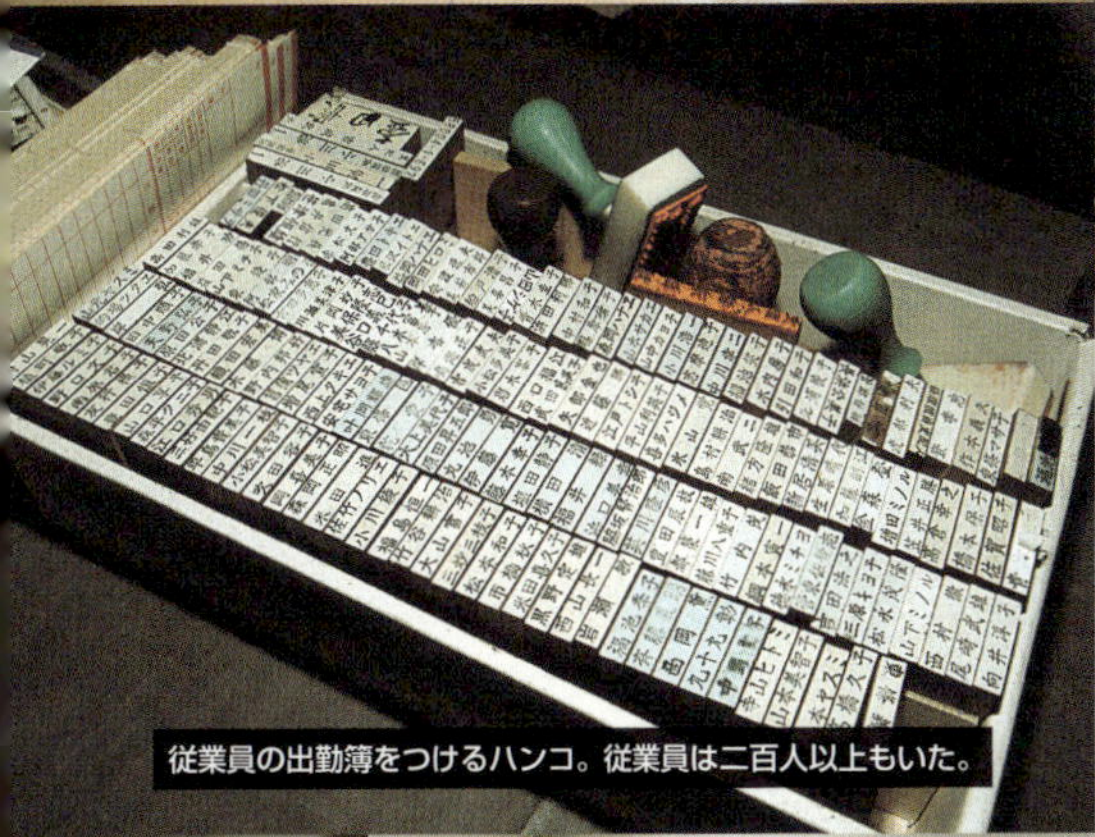

従業員の出勤簿をつけるハンコ。従業員は二百人以上もいた。

事務室兼支配人室。なぜか創業当時の写真関係が散乱していた。

海岸浸食によって地盤が割られ、建物は少しずつだが海に向かって傾斜を進行させている。全倒壊も時間の問題だ。

配膳作業を途中で投げ出したかのような厨房。団体客のご予約でも入っていたのでしょうか。けっこう美築状態だった。

ジュークボックス。オススメのナンバーが昭和四十年代のヒット曲、森昌子の『同級生』だった。こりゃ古すぎる…。

大宴会場。手前に落ちている扇は部屋の間仕切りだった。奥行きもあって本当に広い。しかし、やっぱり傾いてるな～。

屋上ゲームコーナー。ここでもヴィンテージものが多数発見されたが、晩年は使われずに封鎖されていたようである。

RUIN FILE No.24

巨大な宇宙回転温泉廃墟

1998年5月13日（水）晴

謎の『宇宙回転温泉』……その時代認識が命取り

いにしえから万葉人に愛されてきた名勝の地、和歌浦。この和歌山が誇る風光明媚な観光名所に、かつて賑わったであろう往年の活気はどこにも見あたらない。右を向いても左を向いても、在るのは廃墟。ただ在るのは諸行無常の廃墟ばかり。町を見下ろす章魚頭姿山《たこずしやま》の頂上にも、今を象徴する巨大な廃墟があった……。

■和歌山県和歌山市和歌浦

その威容を誇る巨大廃墟は、和歌浦の海を一望する小高い山の頂上に位置していた。廃墟を探しながら和歌浦の海岸線を車で探索中、章魚頭姿山の山腹から見えていた『宇宙回転温泉』の屋外看板文字。あれは、いったい何なのだろうか？　宇宙で、回転で、温泉……!?　謎である。その看板文字に引き寄せられるように、山の頂上まで登りゆく我々。

頂上に到着すると、我々はまずその規模の大きさに圧倒された。つまりはこれ、観光ホテルの残骸だったわけだが、本館、新館、別館と、拡張に次ぐ拡張で、繁栄期にどんどんと事業を拡大してきたようで、なにしろ回りきれないほどスケールが大きい。だが、このホテルが特徴的なのは、その外観の巨大さだけではなかった。

一九六九年、アポロ十一号が人類史上初の月面着陸に成功したとき、世界中が宇宙時代の到来に沸いた。この巨大ホテル廃墟物件も、そのニュースと時を同じくして建てられたようである。ホテルのオーナーはこの歴史的事実にインスパイアされたのか、全面的にコズミック感覚をホテル経営に全面的に取り入れることを決定。各室を『ボストーク』『アポロ』『ソユーズ』『銀河』『北斗七星』などとネーミングし、とにかく〝宇宙〟を全面に押し出すという〝宇宙《てんごく》にもっとも近いホテル〟にしたのであった。

極めつけは七階の展望風呂。『宇宙回転温泉』と名づけられたそれは、ただ浴槽がグルグル回るだけといったシロモノ……。こうした感覚を現代まで引きずり、この展望温泉がいつまでたっても、このホテルの唯一の売りであったというのだから、潰れたのも頷《うなず》けようというものである。不必要なまでの巨大さと過った時代認識——これが、このホテルの命取りとなった。

屋内は新館ロビーのセンスこそ素晴らしかったものの、観光ホテルとしての古くささは否めない。客が減りゆくごとにリニューアルも続けてきたようだが、プールを潰して大宴会場を作ったのは裏目だったのではないだろうか。畳を剥ぐってみたら真っ青の二五メートルプールが出てきたのは驚いた。

宇宙を目指したホテルは、まさしく自らが星となってしまったのである……。

新館ロビー。未来派っぽい雰囲気。この部屋だけはセンスを認めたい。カーテン、椅子、空間…絶妙のバランスである。

『宇宙回転温泉』の屋外看板。そそるものがある。

ここが宇宙回転温泉。何かと思えば浴槽がグルグル回る！ これは未体験のアミューズメントだ。悪趣味だが、入りたい!!

ホテルで使用していた食器や備品類が集められた部屋。閉店後に売るつもりだったのだろうか。大皿はUFOと呼ばれた。

スケベな内風呂。狭く、密着感がある。ボクはこっちがいいな。

大広間に積み上げられた布団の山。ここは三階なのに雨漏りしていたため、布団が腐って悪臭を放っていた。すごい状態。

誰もいないホテルのフロントは異空間。未知との遭遇のような光が窓からもれていた。こういう雰囲気って悪くない…。

もと二五メートルプールだった大宴会場。畳をめくると真っ青のプールが出現する。ある意味ではシュールな空間だ。

RUIN FILE No.25

和歌浦娯楽の殿堂廃墟

1998年5月13日（水）晴

ひとりふたりと客が消え そして誰もいなくなった

かつては栄華を極めたこともあったであろう、総合娯楽施設の廃墟である。その大きな建物の中に、いくつものアミューズメントを詰め込んだ娯楽の殿堂。だが、ひとりふたりと客が消え、ついに誰もいなくなってしまった。しかし、廃墟になってからは千客万来。真のアミューズメントとは何なのか?

■和歌山県和歌山市和歌浦

バブル崩壊以降、全国の観光名所では軒並み客足が遠のき、さまざまな分野での倒産情報が後を絶たないが、ここ和歌山県が誇る名勝の地・和歌浦もその例外ではない。かつては山部赤人、藤原卿などの万葉人が愛した紀伊国《きのくに》であるが、そうした宮廷文化を生んだ栄華の歴史はどこへやら、ただひたすら寒い姿を晒《さら》し続けている。しばらくは景気の回復も望めず、このままでは本当に町全体が廃墟タウンになるのは時間の問題。こうなると、今度は無人の廃墟でただマンをキメにくる〝マン用人〟たちが増え始め、風紀上好ましからざる無政府状態になるのは、ほぼ間違いない。

国道四二号線から県道に入り、美しい海の水平線が見えたところに、このマン用人たちの愛した廃墟はあった。ホテル、ボウリング、ビリヤード、レストラン、温泉と、色々合わせてやったが結局ダメだったという物件である。観光客相手の商売をしていたようだが、不景気となっては地元常連客が遊びに来ないことにはどうにもならない。しかし、ここ和歌浦は美しい景色以外に何があるというわけではなく、おそらく地元客は観光客以上にここに来なかったのであろう。とはいえ、廃墟になってからの来客はかなりあったようで、ここを訪れた者は皆好き勝手に遊んでいったようである。ボウリングのピンとボールを持ち帰り、皿やガラスを割り、室内を荒らし、ただマンをキメ、いやもう各室各フロア、すさまじい荒廃ぶり。散在する破片、紙吹雪、コンドーム、ティッシュペーパーの類がそれらを如実に物語っていた。

誰もいない無人のボウリング場は、どこか文学的な雰囲気が漂っている。ピンやトロフィーが所かまわず打ち捨てられているが、耳を澄ませば、ボールがゴロゴロと転がり、ピンを盛大に倒すあの爽快な轟音《ごうおん》が残響となって聞こえてくるよう。大浴場を覗けば、ガラスが割られた浴室内に和歌浦の海風が直接吹き込んでいた。浴槽に腰掛けて、海を見る。一時は栄華を極めたであろう娯楽施設の、諸行無常の瞬間であった。

それにしても、真のアミューズメントとは、実はこういう無政府状態のことを言うのではないだろうか。意味のない破壊行為が、人間もっとも楽しい行為なのである。

無人のボウリングレーンは趣がある。床板のブラウン、オレンジの光、天井のホワイトと、空間のバランスは抜群だった。

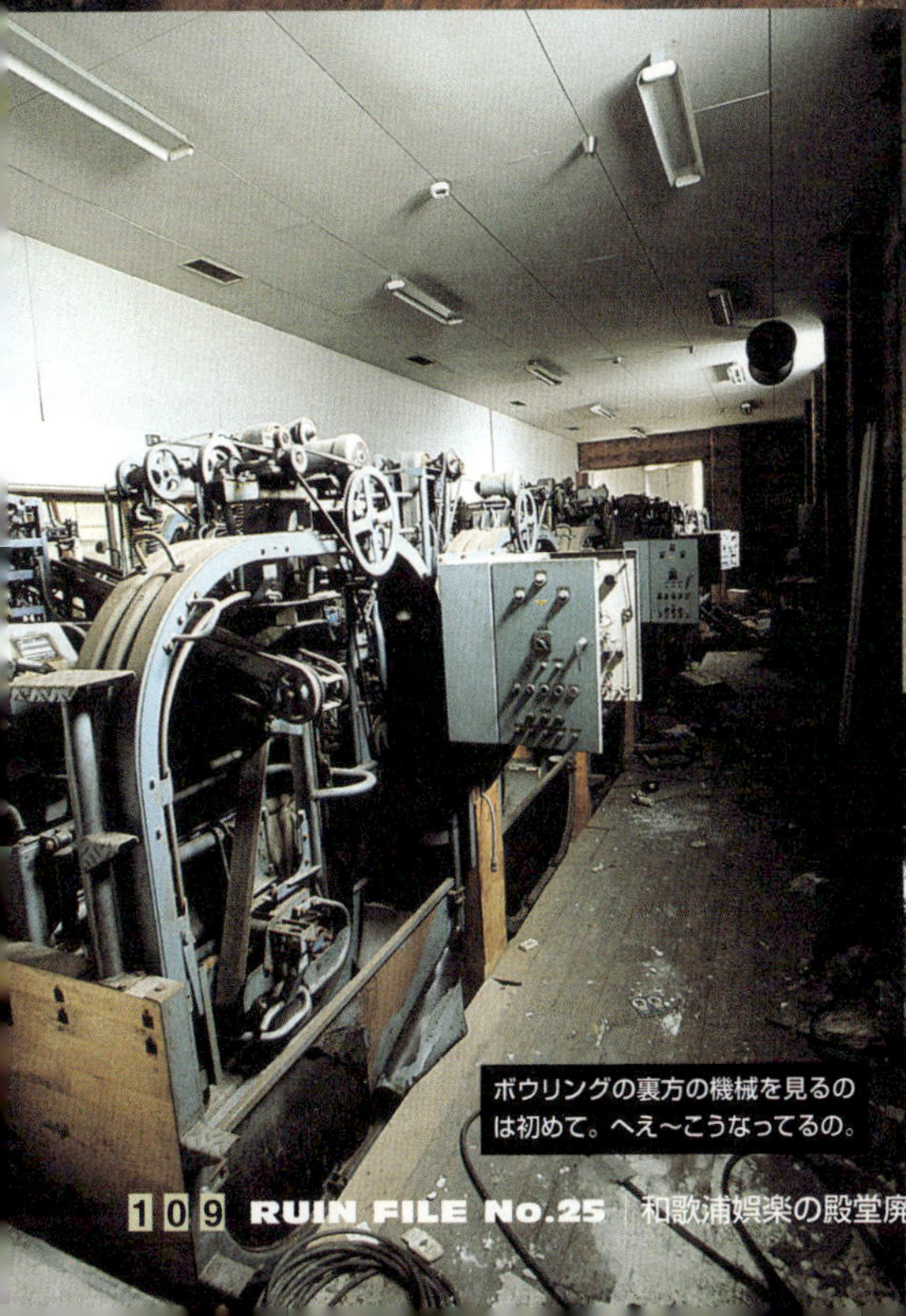

ボウリングの裏方の機械を見るのは初めて。へえ～こうなってるの。

ベキベキのトロフィーとボロボロのボウリングシューズ。

ほぼ海沿いとロケーションは抜群だったのだが…。

入口フロント部分の床一面にバラまかれた館内パンフレット。まさに散らかしたい放題。昭和五二年印刷のものだった。

厨房。侵入者たちによって盛大な『大皿割り大会』が開催された模様。床は破片だらけ。折り畳み椅子も投げまくったよう。

ガラスがメチャメチャに割られた大浴場。眺めと風通しはよくなったようだ。廃墟から見る和歌浦の海も、これ絶景かな。

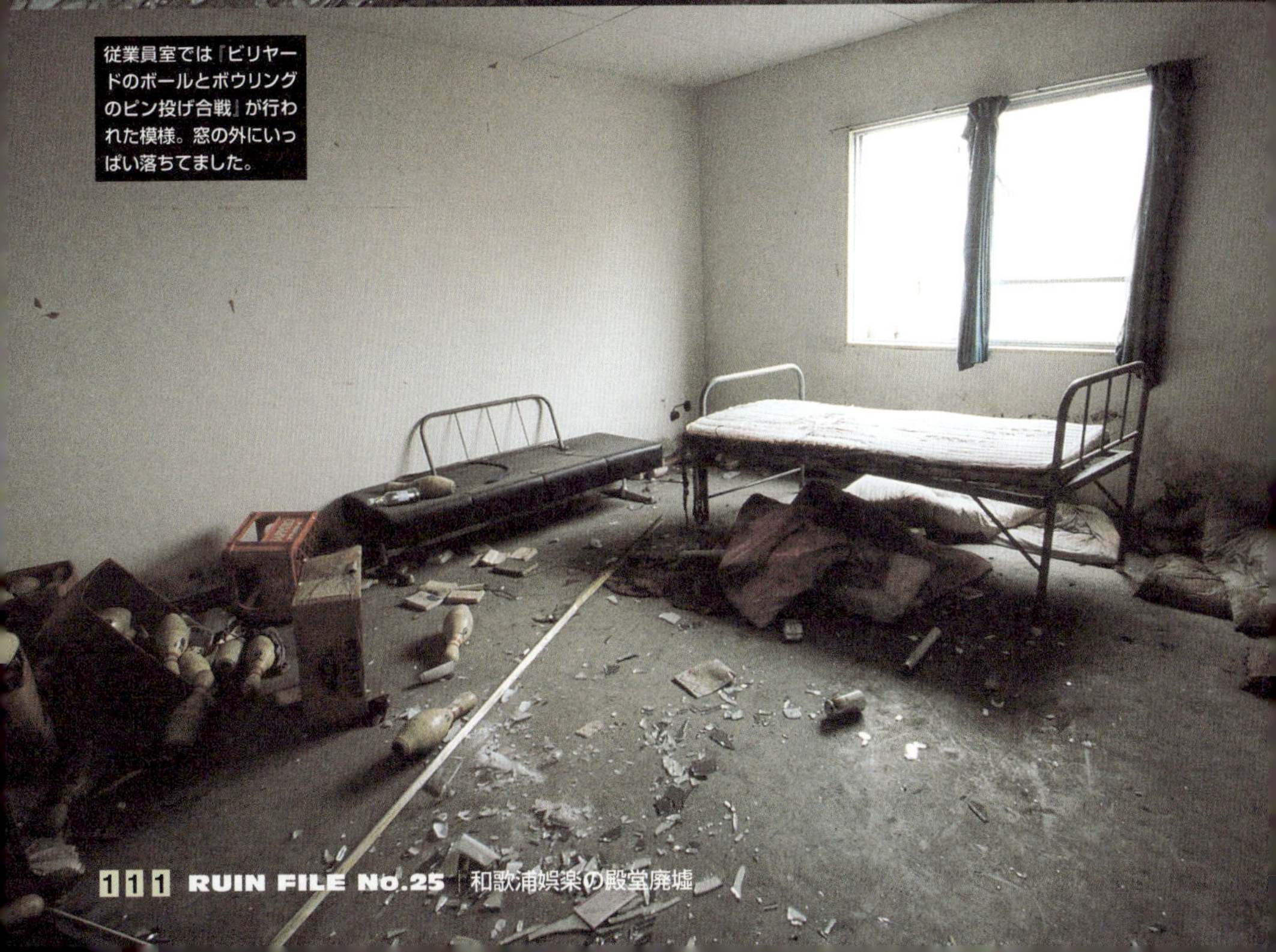

従業員室では『ビリヤードのボールとボウリングのピン投げ合戦』が行われた模様。窓の外にいっぱい落ちてました。

RUIN FILE No.26

静寂のサナトリウム廃墟

1998年5月13日（水）晴

ススキの山に死臭が香る ここは夢かうつつか幻か……

人の手を借りず、風雨により自然瓦解した廃墟が和歌浦の山中に眠っている。かつて結核や喘息を患ったであろう人たちが集っていたサナトリウムの廃墟――。幻視的にして文学的な佇まいを見せるこの廃墟は、我々を往時の世界へと深く誘ってくれる。偶然ではなく、我々は呼ばれてここに来たのだろうか……。

■和歌山県和歌山市和歌浦

地方の大自然というのは、えてして病人たちの格好の安息地となる。とりわけ、良い景色と旨い空気というのは、呼吸器系に疾患を持つ人たちには絶好の良薬だ。治療ではなく、あくまで自然治癒を待つ静かな療養。そんな悲哀漂う施設がサナトリウムである。

七六頁では群馬県にある同様の施設の廃墟を紹介したが、この和歌浦にも、和歌浦湾を一望する章魚頭姿山の中腹に、その施設は存在していた。

生に執着し、生きることにわずかな望みを賭けた人たちが集っていた場所だけに、雰囲気は重い。ススキの山に埋もれるように佇んでいたその廃墟は、美しい荒廃ぶりと相まって、実に幻視的な風景を我々に与えてくれる。結核を患った少女たちが視た同じ風景……。耽美である。

この廃墟は珍しくも外部侵入者によって荒らされた形跡はなく、その朽廃ぶりはまさしく自然風化によるもの。腐った柱、天井、抜け落ちた床、崩れ落ちた土壁……そのどれもが廃墟美を讃え、静寂のススキの山に深く埋もれていた。瓦解した天井からは浄土ような光が差し込み、草むらの上に転がる古い人形の頭を照らしている。人形の傍らには蛾の死骸が落ちており、アリがせっせとそれを運び、家路を急ぐ。今、筆者は一冊の文学を体験している――およそ、そんな雰囲気の廃墟であった。

建物は全館木造であるため風雨による建物の痛みは激しいが、今にも使えそうな部屋も、いまだ残されてある。とある畳敷きの四畳半の部屋では、椅子一脚が部屋の真ん中にポツンと置かれ、窓には一枚の青いカーテンがはためいていた。まるで絵画のようなその美しい風景。今さっきまで家人がそこに座っていたような幻視さえ見える。椅子に腰掛けて空を眺めれば、その昔、自分もここにいたような錯覚さえ覚えるではないか。静寂の中でカメラのシャッターを切る音だけが、ここが現実であることを知らせてくれている。過去のような、未来のような、この風景。

我々を等しく沈痛な気持ちにさせ、センチでなお甘美な世界へと誘ってくれたこの一軒の廃墟。海より吹く風に死臭が香る。ああ、ここは夢かうつつか幻か……。

なんと文学的な風景だろうか。あまりの雰囲気にしばし傍観。廃墟探訪はたまにこんな美しい風景に出会えるから楽しい。

広い便所に便器がひとつだけ。どういう意味があったのだろう。

変わった浴槽。風呂というよりは"体を洗う場所"だったようだ。

浴室入口。この建物にはなぜか風呂がたくさんある。

RUIN FILE No.27

リアリズムの貧乏旅荘廃墟

1998年5月13日（水）晴

家族総出の三ちゃん旅館 懸命経営の健闘虚しく……

和歌浦のとある一角に、家族三人で店を支えた旅荘があったという。家族総出の懸命経営もむなしく、いつしかそこは廃墟になってしまった。中に入って部屋を見れば、そこかしこに家人たちの生活臭が色濃く残る。我々はここを『リアリズムの廃墟』と命名するのだった……。

■和歌山県和歌山市和歌浦

漫画家・つげ義春氏の作品に『リアリズムの宿』という名作がある。主人公が商人宿に泊まろうとしたら、そこには病弱な主人、子供、その二人を支える懸命な母親がいて、その彼らの生活臭が漂いすぎる、すなわち〝リアルすぎる〟宿だった、という話である。くつろぐために泊まっているのに、あたかも他人の家に居候《いそうろう》しているような居心地の悪さを感じるのである。

この廃墟はそこまで極端ではないにしても、漫画同様、自宅を改築して旅の宿に仕立て、父ちゃん、母ちゃん、兄ちゃんの三人で一生懸命に店を切り盛りする、リアリズムの〝三ちゃん旅館〟であったという。入口の看板には『お気軽にどうぞ』と書かれてあったが、とてもお気軽に入る気にはなれない。

人の家の玄関のような旅館の入口を抜けて、我々はうやうやしく廃墟の中に入ってみた。屋内はそれほどボロボロというわけではなかったが、建物の生前に客で来ていたら、やはりさぞかし居心地が悪かったのではないかと思われる造りである。

なにしろ、もっとも眺めの良い、いわゆるスイートルームの真下が子供部屋。風呂は家人と同じ浴槽に入らなければならないようで、しかも風呂の壁面タイルに描かれた女性の裸の壁画が、なんとも言えず「……………」状態。しかも、二階から上が客間なのだが、上階に上がるための階段は、どうしても家人の部屋の前を通っていかなければならない。

厨房を覗けばレトルト食品の残骸が……。

「ああ～、客で来なくてよかった」

ツブれた理由もわかろうというものである。その後は『ラウンジ』と名付けられていた一角でしばし休憩。こことて、ホームバーの域を出ない。くつろごうにも椅子すらなかった。しかたがないので立ったまま煙草に火を点けると、窓の外には和歌浦の海が見えていた。一句詠みたくなる。

万葉《まんよう》の　和歌浦《わかうら》の　西《にし》に向《む》かえば
廃屋《はいおく》日《ひ》ざし渇《かわ》いて　海風《うみかぜ》

うん、いい句じゃないか。この旅荘の廃墟も、どこか愛《いと》しい気持ちになってくる。みんなで一生懸命に店を支えようと頑張ったのに、残念だったねえ……。

でもやっぱり、客では泊まりたくない。

この旅荘で一番見晴らしのよい部屋。だが、真下は子供部屋だ。

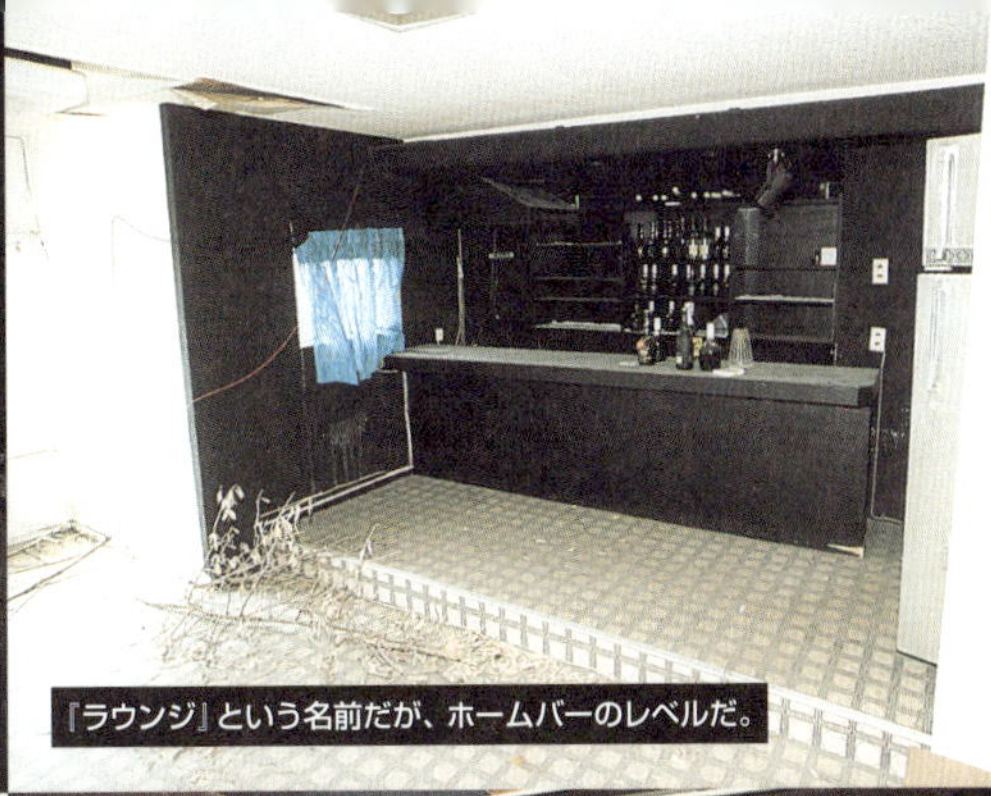

『ラウンジ』という名前だが、ホームバーのレベルだ。

狭い廊下。歩くとミシミシ音がする。歪んでる？

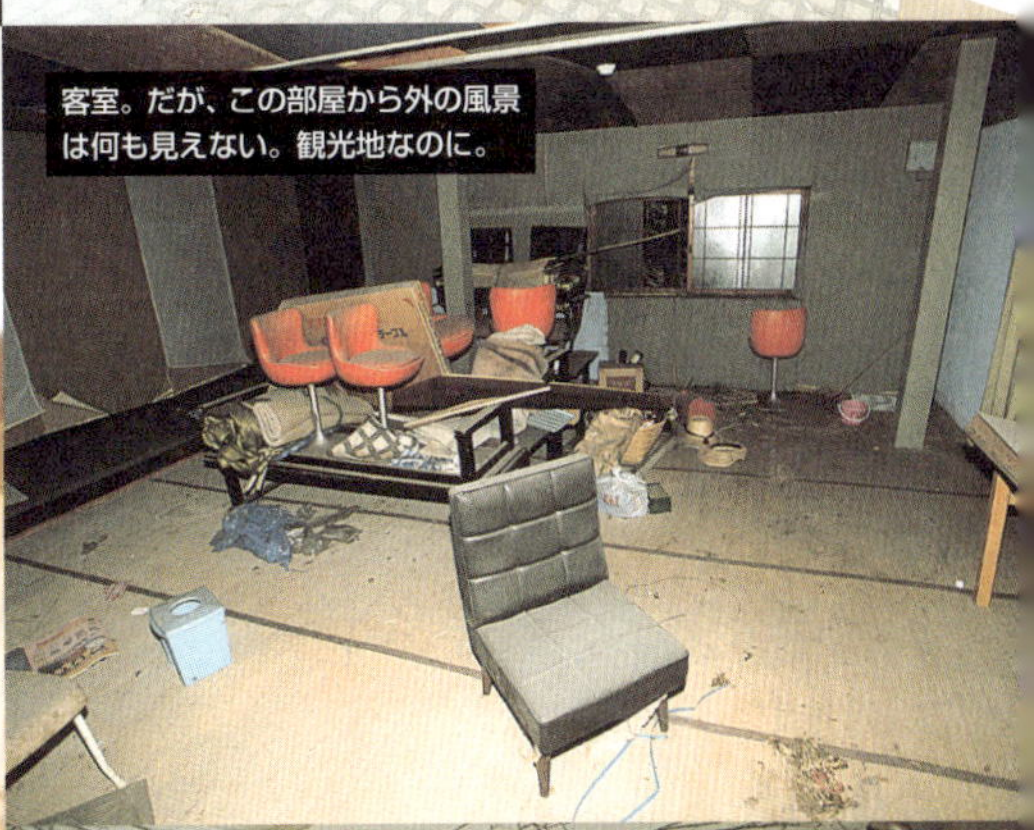

客室。だが、この部屋から外の風景は何も見えない。観光地なのに。

壁面タイルのイラストがなんともサービス精神旺盛だ。

一応JCBも使えたようです。

脱衣場で犬らしき白骨死体を発見。バラバラ死体だった。

RUIN FILE No.28

お金持ちの高級別荘廃墟

1998年5月13日（水）晴

高台でひっそりと……お金持ちの隠遁生活とは？

高い所に住む——というのは、今も昔も成功者たちのステイタスシンボル。だが、あまりにも常識外れな高いところに、別荘を建てた金持ちがいた。場所が場所だけに、親族では誰も相続する者がいなかったという。浮浪者さえ住み着くことを諦《あきら》めるこの廃墟。金持ちの考えることって……。

■和歌山県和歌山市和歌浦

野心ある者は人生の高みを目指し、金持ちは高い所に住みたがる。上に登って下界を見下ろせば自分の成功に満足できる、あるいは支配者になれたような気でもするのだろうか。

ここに紹介するのは、お金持ちの高級別荘廃墟。だが、あまりにもこの物件は常識外れな高い場所にあった。山の中腹から屋根は見えていたが、道なき道を進みゆき、頂上を目指してようやくたどり着いたのがこの廃墟だったのである。いったい、どうやって建築資材をここまで運び上げたのだろうか。しかも、てっぺんまで来てみればこの物件、本邸の他にアトリエや別邸もあったりして敷地は意外と広い。

本邸の中に入ってみれば、邸主は何で儲けたのか成金だったらしく、設備内装は悪趣味の極み。妙な平安調の床の間や高床式になった寝床など、高価な感じはするが「なんじゃこりゃ」と思わず失笑がもれる。所々に御影石や黒檀《こくたん》を使い、建築資材にもこだわりを見せるが、いかんせん使い方が……。これらはすべて、邸主の俺節《おれぶし》のセンスによって造られたのであろう。さまざまに盛り込まれた建築様式、あるいは倒錯した時代様式。とにかくゴージャスなものが好き、というデラックス親父の真骨頂を見る思いであった。

一方、アトリエにはパジャント、アグリッパ、モリエール、ブルータスなどのデッサン用ギリシア彫刻の他に、ニケ像やヴィーナス像のミニチュアなどが首が取れたり羽が取れたりといった状態で転がっていた。邸主には彫刻の趣味もあったようで、作品テーマはヴィーナス像だったらしく、ヴィーナスのトルソ（両手両足、首を落とした胴体彫刻）を真似《まね》て作ったと思われる粘土細工が二～三体発見された。しかし、どれも下手くそで大笑い。ヴィーナスではなく、自分の妻がモデルだったのだろうか。これも廃墟の味というものである。なお、同じ敷地内にある別邸は木造土壁造りで建造されていたらしく、建物はほとんど痕跡を残さないまでに瓦解していた。

もし、自分が大金持ちになった暁には、この廃墟の邸主のように、指を差されようが笑われようが、とにかく俺節で家を建てたいものである。いや、立派でした。

この妙な装飾と造り。こんな家は初めてだ。奥の高床になった場所が寝床だったようだ。邸主のこだわりが感じ取れる。

こういうの、平安建築っていうのかな？ 扉の奥は仏間だった。

和室部分。まだ手入れをすれば住めそうな物件である。

アトリエは蔵っぽい造り。まあ、オシャレではある。

RUIN FILE No.29

和洋折衷五つ星旅館廃墟

1998年5月13日（水）晴

朽ちてなお旅情を誘う 荒廃の美学を見つけたり

品の良い廃墟である。あるいは行儀の良い廃墟と言うべきだろうか。廃墟でそんな言い方も妙だが、思わず背筋が伸るような格調を感じさせるこの物件。美しいシンメトリーの廊下、モダンな装飾、高価な備品、絶妙の色彩。長廊下の床板をコツコツ歩けば、あたかも昭和に生きた紳士になったような……。

■和歌山県和歌山市和歌浦

この物件は旅館の廃墟。外観からして格調の高さを感じさせる高級旅館の廃墟である。調べてみると、閉店したのが昭和三九年であったから、この物件は廃墟になって、かれこれ四十年近くも経過していることになる。しかし、外観も屋内も、およそ四十年の歳月を感じさせない美築状態。これだけ時間が経過して、ここまで美しい廃墟は我々も初めてである。和洋折衷の中に、時代の様式美をも取り込んだモダンな建築は、探索していて実に飽きない。家具や備品も、それなりに価値がありそう。今、この旅館が営業をしていれば大いにウケるのではないかとさえ思うのだが……実にもったいない話である。

残された料金表を見てみると、昭和三九年の時点でビールが一本一八〇円、宿泊料金が一泊四千円であった。当時のサラリーマンの平均給与は七～八万円ほどだが、現在の貨幣価値に換算しても一泊一万二～三千円というところ。まあ、設備内装に比べて良心的な値段である。

だが、この高級旅館ホテルは宿泊業の他に、洋服のオリジナルブランドの製造販売、さらに薬局のようなこともやっていた。ロビーフロアには数体のマネキン人形と大量の洋服ハンガー、布生地や生産計画表が残されており、薬局部屋のショーケースの中には、当時のカゼ薬や頭痛薬がそのままの状態で残されていた。ホテルの経営者の多角事業というよりは、もともとお金にゆとりがあった経営者の、余裕の趣味的事業だったのではないかと思われる。趣味ゆえの放漫経営――およそ、そんな事態が推測されるのだった。

建物はというと、本館は上から見ると「口」の字をしたような形になっており、真ん中は中庭になっている。また中庭に設けられた階段を上っていくと、別館に行けるという造りになっていた。別館といっても離れのような規模の小さなものだが、これは跡形もなく取り壊されていて非常に残念。虚しくも建物の基礎だけが残されていたのであった。

だが、本館廊下の美しさ、その廊下から見える中庭の寂《さび》れた風景は、朽ちてなお旅情を誘う。まさしく荒廃の美学を、我々はこの物件に見たのであった。

格調を感じさせるリビング。テーブル、椅子、絨毯など、それなりに価値がありそう。窓の形もグッド。いい旅館だなあ。

ロビーで裸のマネキン人形を唐突に見つけてビックリ。ここのご主人はアパレル業もやっていたのでした。ん〜年代物。

和室の客室部分は畳が剥がされていたが、これはこれで趣がある。浴室付きの部屋だったが、妙な所に浴槽があった。

トイレの清掃もゆき届いてます。珍しく匂わない。

従業員室。当時の書類を多数発見。

素晴らしい設計の建築物である。どこから見ても美しい…。

本館の廊下より中庭を見る。うーむ…廃墟美である。この朽ち果てた雰囲気と、静寂が何とも言えない。極上の物件である。

中庭。手前に階段が付けられていたが取り外されていた。

これまた古い雑誌を廊下で発見。

年代物のビリヤードテーブル。シブい。

薬のショーケース。アヤシイ雰囲気が満点。

RUIN FILE No.30

戦場と化したホテル廃墟

1998年10月12日（月）晴

米軍VS浮浪者の投石合戦 廃墟で起きた日米戦争!!

沖縄の名跡・中城城跡《なかぐすくじょうせき》隣に、城を模した巨大なホテル廃墟がある。かつて米軍の兵士たちが大挙して押し寄せ、荒らして回っては ここに住み着いた浮浪者と毎夜投石合戦を繰り返していたという。南国の廃墟で起きた、もうひとつの日米戦争。勝利の行方は果たしてどちらに!?

■沖縄県中頭郡中城町

沖縄県に行ってきた。県内すべてが観光地というこの場所にも、さぞや面白い廃墟がたくさんあるだろうと、我々は車を借りて二日がかりで本島を一周した。しかし、不思議なことに沖縄本島には廃墟がほとんどない。だが、中城町にある城跡横で、ちょっと面白い物件に出会ってきた。

この物件は巨大なホテルの廃墟。沖縄のホテル王がその昔、隣にある中城城を模して造ったが、あまりの大きさのために客室が思うように稼動せず、維持費がかさんで借金も膨らみ、ついに倒産したという物件だ。以来二十数年に渡って廃墟になっているのだが、浮浪者から、これまた沖縄らしい面白いエピソードを聞くことができたので、ここでちょっと紹介してみよう。この浮浪者は、物件がまだホテルとして稼動していた頃から住み込みで働いていたという元従業員。ホテルが潰れて職を失ったが、彼はそのまま居つくようにホテルに住み着き、浮浪者となったワケである。

彼の話によれば、この建物にはあともう一人の浮浪者が住んでいた。人気のないホテルにはジュースや缶詰めなどの食べ物も豊富で、当所は二人で実に快適な生活を送っていたという。しかし、次第に建物にいろんな人間が肝だめしに訪れるようになると、平穏な生活は徐々に乱されるようになっていった。とりわけ米軍の兵士たちが連日女を連れ込み、大声でイチャイチャするようになると、敗戦というトラウマと合わせて、いよいよ彼らの精神が荒廃し始めた。たまりかねた一人が、追い払うために米軍に石を投げつけるに至って、ついに平和な楽園が沖縄のもうひとつの戦場と化していったのである。怒った米兵が連日大群でやって来ては、建物の頂上に住む彼に向って投石の嵐を浴びせる。そして、これを迎え撃つべく上からさらに大石を投げ落として浮浪者が応戦。

こんなことが一年も続いていたというのだが、しまいには建物内に車が走り回り、銃声も頻繁に聞こえていたという。ちなみにこの戦争においても日本軍は敗戦。浮浪者の一人は「負けた」と言い残し、いつの間にかこの廃墟から去っていった。

沖縄の戦後は、いまだに終わっていないようである……。

まさに壮大なスケールのホテル。落城した城と城下町といった雰囲気すら漂う。てっぺんまで上るのにひと苦労だった。

天守閣と神社。この天守閣にもうひとりの浮浪者が住んでいたが、米軍の投石にあえなく敗走…。

どこに立っても不思議な視野が一望に。これ、営業してたら自分の部屋に帰れなかったんじゃないだろうか。広すぎ！

スコーンと青空が心地よかったパブも今ではこの通り。奥の部屋に、ここの管理人を主張する浮浪者が棲息していた。

ここは広大なレストランになる予定だったが、完成することはなかった。収容人数は何人だったのか？

建物に車ごと突っ込んできた米軍。屋内中をグルグルと回って車を燃やし、捨てていったという。暴れ方もハデである。

廊下も当然のように広くて長い。探索がこんなに疲れる廃墟も珍しい。出口が見えているが、さらにその向こうがある…。

「死ね、黒人」なる過激な人種差別落書き。こういうアメリカンテイストな落書きが建物の至る所に描かれてあった。

RUIN FILE No.31

世界初政府公認海上廃墟

1998年10月13日（火）晴

スペクターの要塞か……!?海に浮かぶ巨大海上廃墟

昭和五十年七月十九日、沖縄で『沖縄海洋博覧会』が開催される。そのシンボルとして『アクアポリス』なる人工海上都市が建設されたが、やがて、その場所は誰ひとり足を踏み入れることのない巨大な廃墟と化した。そして、ついにはスクラップにされてアメリカに売られ……。

■国営沖縄記念公園内

うーん、どこかで見た風景……。そうだ、これは映画だ！　あのジェームズ・ボンドが海中戦をメインに暗中飛躍する、007シリーズ第四作『サンダーボール作戦』!!　そう、この廃墟はこの映画で出てきた悪の組織・スペクターの海上要塞である。いやもう、そのまんま。筆者も大好きな007シリーズ。こいつはちょっとワクワクするゼ！

この廃墟、しかして実態はスペクターのアジトでも何でもなく、単なる万博の残骸。

昭和五十年、沖縄で『海――その望ましい未来』をテーマに国際海洋博覧会が開催されたが、この物件はその万博のシンボルとして一二三億円をかけて建設された「アクアポリス」なるものである。で、アクアポリスって何なの？　というと、これは「海上人工都市」ということになっている。居住空間と商業施設を併設しているので現実に生活が可能で、県知事室もあり、当時は県庁職員や県知事が実際に暮らしていたこともあるという。バカバカしいと思うなかれ。これは世界に先駆けての海上生活のシミュレーションであり、国力を世界に誇る日本の技術と財力の象徴だったのだ。しかし、いかんせん場所が沖縄県本部半島の最西北端。万博が終われば誰もいかねーよ、となったワケである。シーン……。

で、我々はここにやって来た。ジェームズ・ボンドよろしく、立ち入り禁止の柵を乗り越え、長い通路をデッキめがけてヒタ走る。正面きって取材を申し込んでもシャットアウト。ならば最後は強行突破しかない！　しかし、あと五メートルというところで我々は挫折。通路は寸断されてデッキには渡れぬようになっており、渡るには細〜い吊り橋を通らねばならない。当然、トライを試みるものの、誰もいないと思っていたデッキから若い管理人が飛び出してきて、「あんたら、なに!?　入口の『立ち入り禁止』の札が見えなかった〜!?（語尾強く）」と、怒られまくったのである。

この廃墟、当初は四十億円かけて再生の予定であったが、その計画も頓挫。最後の最期は建設費用のおよそ八八〇分の一、たったの一四〇〇万円という叩き売り価格でアメリカ企業に売却され、スクラップになって海を渡っていった……。

日本と沖縄県がその国力を誇示するために建設した夢の残骸。海洋博の閉幕後は、何の役にも立たないクズ鉄となった…。

通路の中ほどにある券売所。一時期だけは見物客が殺到したが、窓口が二つしかなく、これまた不満が殺到したという。

どう見ても『サンダーボール作戦』に出てきたスペクターのアジトにしか見えない。海上要塞って実は大好きなんですヨ。

腐食で完全に海に落下してしまったパーツも。ここ、危険？

所々、腐食で朽ち落ちた階段。碧い海との対比が美しい。

延々と歩かされるこのデッキ通路。たどり着くまでに日射病か熱中症で倒れてしまいそう。人にやさしくない設計である。

若い管理人と「入れろ」「入れない」の押し問答に。ついに向こうには渡らせてもらえませんでした。

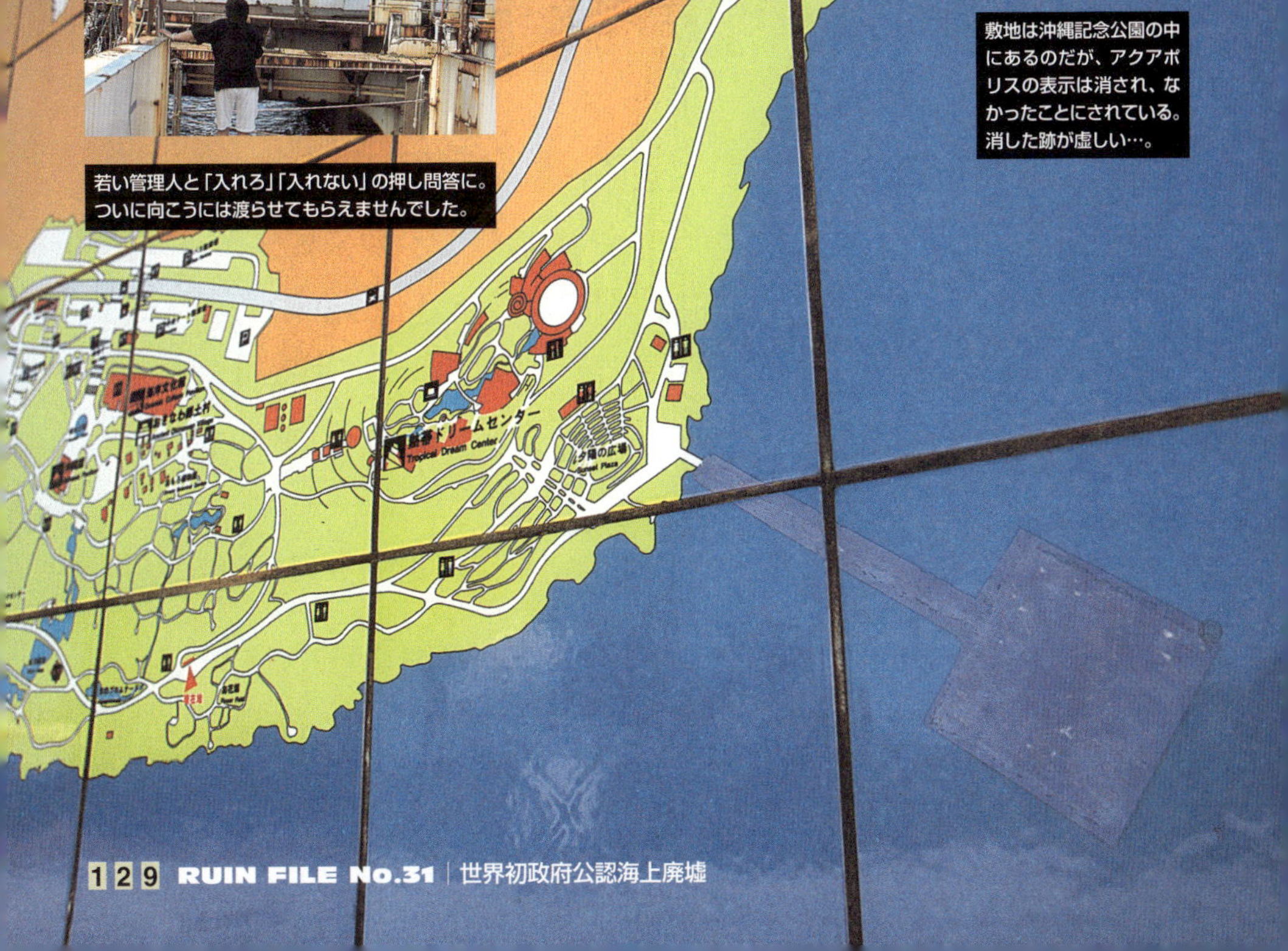

敷地は沖縄記念公園の中にあるのだが、アクアポリスの表示は消され、なかったことにされている。消した跡が虚しい…。

RUIN FILE No.32

グアムメモリアル病院廃墟

1997年9月30日（火）晴

イパオ岬の巨大病院は神をも恐れぬ荒廃の楽園

ちょっと出かけたグアム島で、ふと目にした巨大な病院の廃墟。グアムのビーチを見下ろすイパオ岬に建つその物件は、さすがアメリカ。デカイ。だが、一歩中に入れば、そこはヤンキーたちの神をも恐れぬ荒廃の楽園だった。戦後の歴史あるこの病院も、いまやグアムのもうひとつのリゾートに……。

■グアム島タモン地区

グアム島はタモン地区、イパオ岬の岩壁に古めかしくも巨大な病院廃墟がある。その名もグアム・メモリアル病院。

近くのサウポン岬に新しい病院が新築されたために必要なくなり、ご覧のような廃墟となった。だが、ここは戦後からの歴史ある病院で、一九七二年にグアム島のジャングルから二八年ぶりに発見された元日本兵、横井庄一軍曹が一時的に入院していたことでも有名。横井さんは帰国した際、「恥ずかしながら、生きながらえて帰って参りました」の名セリフを残していたが、この「恥ずかしながら」はこの年の流行語にもなっておりましたナ。おっと脱線脱線。

グアム島はそもそも一五二一年にマゼランにより発見され、一五六五年にスペイン領になるも、一八六三年の米西戦争でアメリカがスペインに勝利したため、アメリカ統治下になった。だが、一九四一年に太平洋戦争勃発で日本軍が侵攻、日本統治へと変り『大宮島』と改名。しかし、さらにその後の日本軍の敗戦により再びアメリカの信託統治となり、一九五〇年にアメリカ準州となって、今日に至るのである。つまりこの病院名のメモリアルというのは、日本から島を取り返した〝メモリアル〟という意味なわけだが、本来はチャモロ族の人たちの島であるということをすっかり忘れ去っているところがアメリカらしい。ひと昔前は原住民の人たちの診療や入院を後回しにする医療差別もあったというから、いろんな意味での〝メモリアル〟なのである。

で、廃墟の中身だが、一歩入ればさすがにアメリカ。マシンガンを所かまわずブッ放《ぱな》した痕跡が見られたり、ロッカーを階段から投げ落としてみたり、屋内を車で走ってみたりと、まさに底抜けに痛快な荒《すさ》みっぷり。壁に書かれたスケベな落書きは日本と変わらないが、日本の病院廃墟では絶対に見られない明るい雰囲気に満ちているのだ。これぞまさしくヤンキー廃墟。単純に南国の陽差しで、屋内にも十分な光量がもたらされているから明るいのだが、おかげでどう撮っても絵ハガキのような写真がたくさん撮れるのはありがたい。

この日の来訪は我々だけだったが、いつもは拳銃の試射、運転の練習、そしてラブホテルとして人気のスポットだという。

これはなかなかの大物物件。病院廃墟だが、日本では見られない雰囲気の明るさがある。ここがグアムのせいだろうか。

屋上からグアムリゾートのメッカ、イパオビーチが見える。しかし、鉄柵がない屋上は恐ろしい。

一点透視図法になった長〜い廊下。屋内でも十分に太陽光が差し込んで明るい。グアムの南国の廃墟美をこの物件に見た。

重症患者用の浴槽。この部屋だけはどこか重苦しい。

エレベーターホール。病院のいろんな物が投げ込まれていた。

南国リゾートでの静寂もまた味があるものだ。

剥き出しの配管と骨だけになったベッド。どの部屋もこうしたアートっぽい雰囲気でいっぱいだった。絵になる廃墟です。

COLUMN No.05

廃墟と幽霊話

Ghost story and the Ruins.

廃墟にまつわる幽霊の噂
廃墟に幽霊は本当にいるのか？

鬼気、妖気を発する不気味な廃墟に人は恐怖する。荒れ果てた外観や陰湿な内部に、惨劇の館、非業の館を思い浮かべる。人に悪魔の棲家を想像させる魔力が廃墟にはある。だが、街の噂として語られるお化け屋敷というのは、調べてみれば無実である場合がほとんどだ。現実に血を見た物件というのは、実際は何の変哲も特徴もないビルやマンションだったりするものである。

例えば、鎌倉の由比ケ浜海岸に近い場所に、広大な敷地面積を持つ平屋一戸建ての廃墟がある（P.153）。この物件は地元民の間では怪奇の館として知られ、夜な夜な殺された老夫婦の幽霊が出没し、勝手に侵入した者はかならず呪われると噂されていた。挙げ句、某霊能者もテレビの企画でこの屋敷を訪れ、「これは大変な怨霊が！　エイエイ!!」などとのたまう始末。ところが、我々が警察や地元の不動産屋で実態を調べてみると、そんな惨劇の事実はどこにも見当たらない。しかしてその廃墟の実体とは、親族間の相続トラブルによる所有者の不在であった。鎌倉の一等地のため、父親亡きあと兄弟五人が財産分与でもめ、当時ですでに十五年以上が経過していたが、いまだに解決を見ていないというのが本当の話であった。

だが、あながち「噂は噂」と片づけられない霊的な物件、悪霊が取り憑いたとしか思えないような物件も確かに存在する。

本書のなかでも青梅の呪われた一軒家廃墟（P.146）などで紹介しているが、廃墟の中には前史の傷みに触れず、そっとしておいた方がよい物件も確かにある。筆者は先入観は持たず、ナチュラルに廃墟と接してきたつもりだったが、今では“廃墟に棲む幽霊”——およそ、そんなものがいても不思議ではないと考えるようになった。殺人という極端に酸鼻な現場ではないにしても、病院や戦跡、独りぼっちの孤独な死、自殺の現場など、望まれぬ死に立ち会った物件は世の中には数多い。これらが廃墟になったとき、その場所に何らかの“念が宿る”ということは、やはりあり得るのではないだろうか。筆者にはあまり感じ取ることはできないが、そうした“念”を敏感に感じ、実体をともなって見えてしまう人が、きっと世の中にはいることだろう。そして、その念はその場所にとどまり、来る人に何かを伝えようとするのである……。

廃墟に入り、そこに長く停滞していた空気を吸い込むとき、不気味な一瞬を感じるときがある。案外そうした瞬間には、本当に誰かがそばにいるのかもしれない。ヒユッと来るような皮膚感覚の戦慄——あなたも感じたことがあるのではないだろうか？　だが、「幽霊がいるいる」と声高に吹聴して回り、ただ「呪われる」「祟られる」と叫ぶのはやや知性が足りない。

一度そうなってしまうと、つまずいて転んで石に頭をぶつけただけでも、廃墟に入ったせいになってしまう。心霊とは、文字通り“心で見る霊のこと”であり、心の持ち方ひとつで、縁起の良い物にも悪い物にもなる。廃墟に入ったときは「これで自分の運気も上がる」ぐらいに考えておいた方がよいのだ。

だが、こうして考えれば、前出の鎌倉の廃墟も、仲の悪い子供たちを憂う老夫婦が成仏できず、その想念が建物に宿っていてもおかしくはない。「殺人現場となった惨劇の館」というのは単なる噂話であったが、「廃墟で人魂を見た」なる目撃証言は言下に「あり得ない」などとは言えないのである。

廃墟とはある意味、正しく寿命を迎えられなかった家の死体とも言える。そういう館に断りもなく入るとき、せめて合掌ぐらいはしたいものだ。

RUIN FILE No.33

女の衣類舞う狂気のホテル

2004年9月14日（火）晴

まとわりつく視線……女の気配を残す戦慄のラブホテル

箱根から静岡県三島市へと向かう山間で、偶然見つけた一軒のラブホテル廃墟。その佇まいはごく普通のラブホテルだったが、内部に入って我々は戦慄した。部屋の扉を開けるたびに、そこにはむせ返るような女の臭気と山のような衣類が。入った瞬間から、なぜか誰かに見られているような、不気味な視線も気になって……。

■静岡県田方郡函南町

伊豆半島に廃墟を探しに出かけた帰りのことだった。箱根山中から静岡県三島市へ向けて車を走らせていた道すがら、車中で尿意をもよおした筆者は、ひょいと左ハンドルを切って通りを山道に向けて折れた。周囲は雑木林、茂みの中に入って用をたしていると、同行していたカメラマンが後ろから声をかけてきた。

「おーい、この先にホテルの廃墟があるぜ」

え？　と後ろを振り返ってみると、車の前方にラブホテルの壊れた電飾看板が目に入った。看板から見る荒んだ雰囲気は、確かに廃墟に違いなさそうだ。看板にはこの先五〇メートルと書かれてある。今日はもう取材終了のつもりだったが、陽もまだ高かったため、ついでにもう一軒寄ってみようということになった。

車をさらに進めてみると、その廃墟はすぐに見つかった。ホテル『アムール』。ホテルの入口に車を停めて、車中から我々はしばらく建物を眺め見た。うん、間違いなくツブれているようだ。

「アムール……フランス語で〝愛〟のホテルというわけか……」

「ロシア語では〝黒い〟という形容詞になるね。しかも〝災い〟というニュアンスがある。愛か、厄災か、どっちだろうね」

我々は車を降りて敷地内に入った。シンと冷えて静まり返った周囲の雑木林が不気味と言えば不気味だが、外観から見る限り建物の雰囲気はどうってことない。場所があまりにもわかりずらいため、客に気づかれぬまま廃墟になった物件だろうか。

個室に入る駐車場に書かれていた看板を見ると、各室は『ジュリエット』『月姫』『千姫』『歌姫』と女性にちなんだ名前が付けてある。我々は一番手前の『ジュリエット』から探索してみることにした。さっそく駐車場から続く裏手の階段を上る。横並びになった各室は全八室で、外廊下は一点透視図のようになっていた。

「さ、開けるぞ――」

筆者は『ジュリエット』の扉のドアノブに手をかけ、右に回してみた。カチャリ。開いた。静かに足を踏み入れる。すると、何やら女の存在を感じさせる、ムッとしてむせ返るような、甘さを煮詰めた匂いが鼻腔を突いた。

シンと冷えた箱根山中でふと見つけたラブホテルの廃墟。外観から見る佇まいは、いたって普通の物件に見えたのだが…。

最初の部屋『ジュリエット』の扉を開けると、いきなりむせ返るような女の臭気が。「なんだ!? この女の洋服の山は…!!」。

続いて『月姫』に突入。またしても女モノの洋服が。ハンガーにかかった洋服が首吊り自殺の死体のように見えて不気味だ…。

建物の裏手に回ると備品類が山積みになっていた。昭和の終わりに建てられた物件だけに、そのセンスはいささか古くさい。

全八室とそれほど大きくないホテルだが、建物全体から漂う妖気はただごとではない。ここで何かが起きたのだろうか…!?

「く、臭い！　お、女がいる⁉」

部屋のあちこちに散乱していた女モノの衣類のせいなのか、その匂いには温もりさえ感じる。しかも、脱ぎ捨てられた洋服の数がハンパではない。女の浮浪者でも住んでいるのだろうか？

「うわっ、イヤな部屋だなぁ」

「俺達以外にも誰かいるのかな」

続いて隣の『月姫』に入ってみた。やはり女モノの洋服がそこにあるだけで、やはり誰もいない。それにしても、ハンガーに掛かった洋服が首吊り死体のように見えて、どうにも気持ちが悪い。我々以外の第三者の気配を感じ、むしろこちらが探られているような居心地の悪さは気のせいだろうか。

「なんか見られてる感じがしない？」

「うん。かなり気持ち悪い廃墟だね……」

次は『歌姫』だ。今度は足の踏み場もないほどに、床面に女の洋服がこれでもかと脱ぎ散らかされていた。ドレスもあればカジュアルもあり、パジャマもあれば下着も落ちている。そのため、匂いもいっそうキツイ部屋だった。

「おえぇぇぇ。俺、吐きそう……」

「なんだろうな、この甘ったるい匂いは」

続いて『歌姫』へ。なんだかだんだんと洋服の量が増えていっているような気がする。なんて気持ちの悪い物件だろうか…。

さらに『千姫』へ。扉を開ける度に緊張が走る。「うわぁ！」奥の部屋に吊られた洋服は、マジで首吊り死体と思ってしまった。

営業期間はわずか五年であったため、全体的には比較的美築状態を保っている。料金は安いが場所があまりにも悪すぎた。

そして、我々はさらに隣の『千姫』へと進んだ。今度はハンガーに吊された洋服が鴨居にびっしりと掛けられ、窓からの日光を遮っていた。部屋は暗いが、妖しいピンク色の光がわずかに差している。

その刹那、その向こうの奥の部屋の電球に吊された一着の洋服を見つけて、我々は思わず「うわっ！」と悲鳴を上げた。本気も本気で首吊り死体と錯覚したのだ。いたずらにしてはかなりサイコじみている。扉を開けるたびに襲い来る緊張。なんだ映画『死亡遊戯』のような展開になってきた。しかも、まとわりつくような視線は次第に強くなってきているような気がする……。

先ほど入口横の管理人室前で拾っておいた資料を見てみた。すると、このホテルは昭和六三年十月に開業したものの、平成五年に早くも廃業している。営業期間は、わずか五年足らずの短命ホテル。その間にこの物件で何があったのか、あるいは廃墟になってから何かが起きたのか？　謎はとりあえず謎のまま、我々はさらに扉を開けて回った。進みゆくごとに増えゆく女の衣類、そして強まる視線、高まる緊張――。

「これ、どういうオチがつくのかな？」

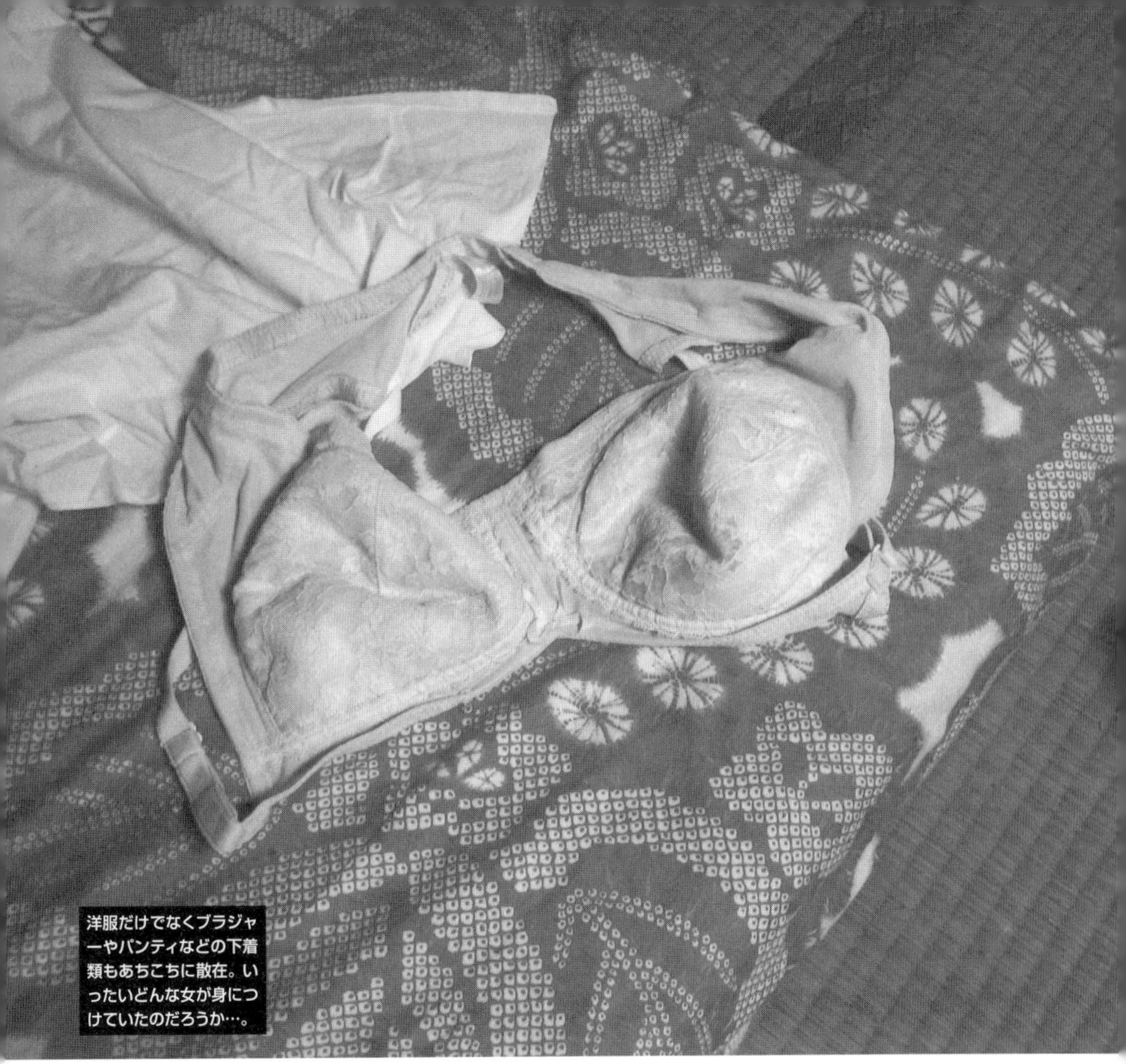
洋服だけでなくブラジャーやパンティなどの下着類もあちこちに散在。いったいどんな女が身につけていたのだろうか…。

「やっぱり、最後の部屋で死体発見⁉」

静岡県の函南町は自然が豊かで静かな場所ではあるが、その地勢条件ゆえ、町の一部では昔から身元不明の白骨死体や自殺体が見つかったり、あるいは死体遺棄現場になったりする場所でもある。この物件もまさか自殺、あるいは死体の遺棄現場になっているのだろうか？

そして我々は、ついに最後の部屋に辿り着いた。「南無」と念じて、恐る恐るドアノブを回す。中をそっと覗いてみると、そこにはやはり女の衣類が舞っていた。だが、死体はない。よかった、何もなかった。見ずにすんだ。だが、背後から見られている気持ち悪さが、どうにもとれない。我々はここで取材を終了し、この不気味なホテルから一刻も早く離れることにした。

その後、筆者は事務所に戻ってからホテルについて調べてみたが、特に事件性を見つけることはできなかった。しかし、思い返しても奇妙なあの衣類の山、温もり、臭気、そして刺すような視線はいったい何だったのか？　我々が体験したあの現場は女の浮浪者の住み家だったのか、それとも女の霊の棲み家だったのか……。

女の浮浪者がいたのか、あるいは誰かのイタズラなのか、なにしろどの部屋も女モノの洋服であふれかえり、しかも臭い。

両側が合わせ鏡になった部屋。演出としてはいいかもしれないが、廃墟になった今ではただ不気味なシロモノでしかない。

一階の外廊下から階段を上ってそれぞれ各室に入るという仕組み。向こうからまとわりつくような視線をずっと感じていた。

COLUMN No.06

廃墟ベスト③

My favorite Ruins best.3

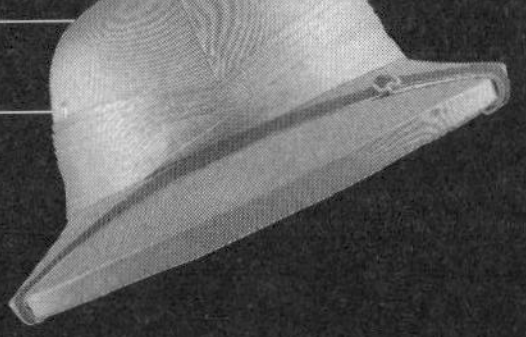

廃墟ベスト③

思い出深い廃墟の数々……中でもお気に入りの廃墟とは？

訪れた廃墟はどれも等しく思い出深いが、あえて独断と偏見に満ちたランキングをつけてみた。参考までにどうぞ。

心霊廃墟

❶位【青梅の呪われた一軒家廃墟】P.146
地元民から幽霊が出ると噂されていた一軒家。過去を調べると、悲惨な家の歴史が明らかに。あながち町の噂もバカにできないものだと思い直すきっかけとなった……。

❷位【伊香保山中超大型病院廃墟】P.076
「写真に幽霊が写っている！」と、霊感のある人から後で指摘があった物件。その人によれば、幽霊は長廊下の天井に写っていたとか。別棟の霊安室は本当に不気味だった。

❸位【女の衣類舞う狂気のホテル】P.134
入った瞬間から重苦しい雰囲気。廃墟に恐ろしさを感じたことはないが、唯一、ホテルの放つ妖気に怖気をふるった物件。

美しい廃墟

❶位【帝産大仁金山廃墟】P.026
とにかく山全体の隙のない美しさにひたすら感無量。廃墟美の最高傑作と呼ぶにふさわしい物件であった。閉山が惜しまれる。

❷位【岩窟ホテル高壮館廃墟】P.036
完全閉鎖から十年の沈黙を破って入館を許されたのも感激だったが、岩盤をノミ一丁で掘った男の執念に只々脱帽。建物の内部は実に不思議で、幻想的であった。

❸位【和洋折衷五つ星旅館廃墟】P.118
素晴らしい和洋折衷の建築様式で、中を歩けば文明開化の紳士になった気分。ここなら買って住んでもいいと思うと感じる。

大型廃墟

❶位【旧海軍連合艦隊総司令部地下壕】P.154
全長四キロ、内部は暗黒の迷宮路。慶応大学の先生の案内に従って入るも、あわや迷子に。一部を回るだけで二時間を要した。

❷位【戦場と化したホテル廃墟】P.122
城を模した造りのホテル。まるで城下町のような雰囲気。あまりに広すぎて細部まで探索できず。方向すら把握できなかった。

❸位【巨大な宇宙回転温泉廃墟】P.104
とにかく無駄にデカイ。こんなものツブれて当たり前だと言いたくなるような大きさ。

危険な廃墟

❶位【戦慄のマンション廃墟】P.018
シンナー親父をはじめ、浮浪者が何人も住み着いていたマンション。最後は住人に追いかけまわされるハメに……。生命の危機。

❷位【デンジャラス・ホテル廃墟】P.052
明らかに花火で爆弾を製造していた未知の人間が住んでいた形跡アリ。危険な香りのする生活臭が感じられた……。

❸位【倒壊寸前の保養施設廃墟】P.100
建物そのものが海岸侵食によって海に向かって傾いていたホテル。来訪時は二度ほど傾斜していたが、次は何度になっているのか？

サバゲー向き廃墟

❶位【湖畔沿いの観光旅館廃墟】P.104
絶壁に建つ物件のため、内部は階段が多いトリッキーな造り。迷路のような構造でインドアサバゲーには最適の物件。

❷位【世界初政府公認海上廃墟】P.126
これもう『007』の世界そのまんま。海上基地で銃撃戦なんて、ちょっとやってみたい。もちろん、イギリスMI6とスペクターの闘いだ。

❸位【大滝冥土ランド廃墟】P.042
敷地が広く、屋内でも屋外でも銃撃戦は楽しそう。屋内はホテルの廃墟、屋外は山あり、川あり、滝ありと、何でもアリ。

RUIN FILE No.34

青梅の呪われた一軒家廃墟

1996年8月29日（木）晴

青梅の館に戦慄の史実!!
酸鼻な香りが鼻腔を突き……

東京〜埼玉を結ぶ県道五九号線――この周辺は有名な心霊スポットが数多く眠る。この廃墟も、地元民の間では「幽霊が出る」とまことしやかに噂される物件だった。建物の隣には、工事が途中で中断された薄暗いトンネルの廃墟までもが……。いったいこの土地に、いかなる史実が隠されていたのだろうか？

■東京都青梅市黒沢

東京都青梅市から埼玉県秩父市にかけて――そこは県道五三号線、小沢峠、正丸峠、姿の池、三嶺《みつみね》神社、成木病院など、有名な心霊スポットや廃墟が数多く存在する霊磁場の密集地帯である。秋は紅葉が美しいこの一帯であるが、土地の史実をひもとけば、もとは戦場であったり、『秩父三四ヵ所観音霊場』と言われる多くの霊場が点在したりと、この周辺は確かに他にはない土地の因縁を秘めている。

心霊スポットを紹介する書籍などでも常連の場所で、テレビ番組でもたびたび取り上げられていることから、この周辺に肝試しで出かけたことがある人も多いだろう。

この廃墟物件は、この周辺を配送で回る地元トラック運転手からの情報によるものだった。彼によれば、青梅や秩父周辺には「五十やそこらは肝試しの心霊スポットがある」という。

この物件も、地元の間では有名な肝だめしスポットとして語り継がれており、とくに恐い場所のひとつに数えられているという。霊感の強い友だちを連れていくと、決まって「ここには幽霊がいる。行くと祟られるぞ」などという警告を受けるそうだ。

彼の案内にしたがって現地を訪れてみると、話の通り、この廃墟は確かにお化け屋敷と噂されても仕方がないような怪しい雰囲気をその身にまとっていた。

建物の周辺は、秩父の鬱蒼《うっそう》とした草木が生い茂り、昼でもあまり陽が差さないような陰気な暗さがある。実際、本当に暗くて、カメラマンも写真を撮るには光が足りないとボヤいていた。まだ陽の高い日中の取材だったため、ライトなどの機材はとくに持ってこなかったのだが、まさかここまで暗い場所だったとは、まったくの計算外であった。そのため、左ページにあるような暗い写真ばかりになってしまったことをお詫びしておく。

問題の物件は極めて貧しげな平家の一戸建てで、建物の隣には、きれいに山がくり貫かれたものの、工事が途中で頓挫したトンネルの廃墟もあった。

トンネルの入口は、有針鉄線がグルグルに巻かれ、一応、立入禁止の札が立てられてある。だが、このバリケードは地元民たちにもろくも突破され、出入りは誰でも可

建物外付けの納屋。風呂がないので行水するしかない。

ここが離れの便所。電気がないため夜は漆黒の闇となる。

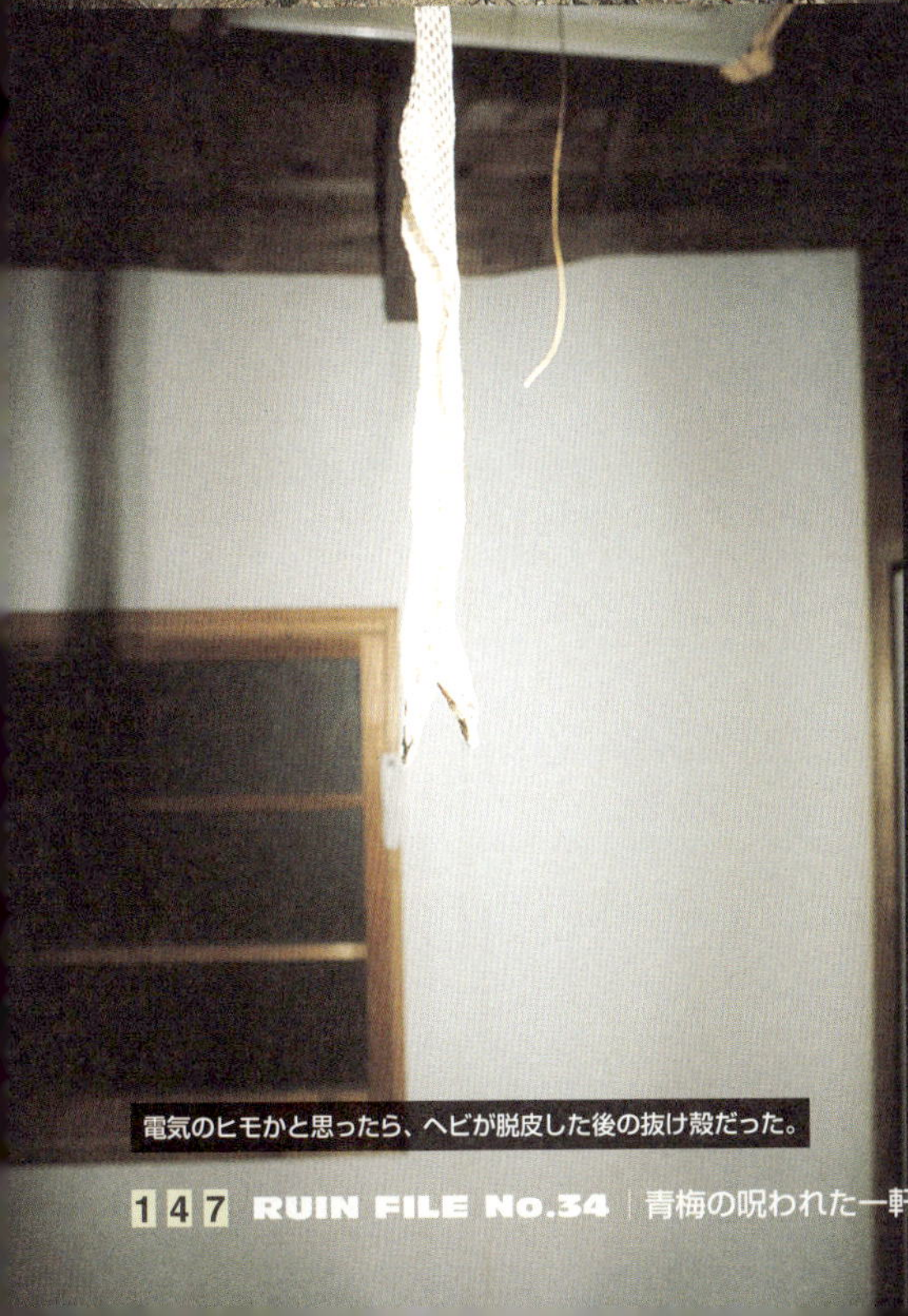

電気のヒモかと思ったら、ヘビが脱皮した後の抜け殻だった。

問題のトンネル前。まだ昼間なのこの暗さ。不気味だ。

能だ。

　トンネル工事は昭和四十年代に着工されたということだが、山がくり貫かれ、壁が落盤しない程度に固められたところで終了していた。舗装《ほそう》もされず、電気もなく、入ったところで出口に見えているほのかな光を頼りに歩くのみである。その先は、ただの獣道。不可解なトンネルだ。

　トンネル工事という大型事業が、なぜ途中で投げ出されるなどということが起こるのだろうか。後で役所に電話をして聞いたところによると、

「付近住民の生活道路のためのトンネルだったが、近くに県道が平行して通されることになったため、必要なくなった」

　とのことであった。だが、そんないい加減でバカな話があるだろうか？　当時、トンネル工事を請け負っていた土木業者は十数年前にすでに倒産しており、関係者は不在。謎は深まるばかりであった。

地元民の間では、ここは老夫婦が惨殺された惨劇の館だと、まことしやかに噂されていた。たんなる街の風聞として話半分にこの話を聞いたとしても、確かにここには何かがありそう。

　恐るおそる物件に足を踏み入れれば、多少荒らされた形跡はあるものの、家にあった生活道具はそのままになっていた。生活の痕跡を見るかぎりでは、この家には老夫婦ではなく、小さな子供を抱えた親子が住んでいたようだ。子供の絵、ぬいぐるみ、可愛らしいおもちゃなどがそのささやかな暮らしぶりを偲ばせる。

それにしても、家人が引っ越しで家からいなくなったというよりも、あたかも突然に姿を消したかのような荒み方である。あまりにも生活道具がそのまんま、なのだ。

建物そのものは、風呂や台所はおろか水道の蛇口すらなく、よく見れば井戸に行水用の桶《おけ》、プロパンガス、便所は離れと、いまどき珍しい不憫《ふびん》な造り。家には電気メーターはかろうじて付いていたが、都市ガスと上下水道は通されていなかったようである。長く住むつもりはない、仮り住まいのための建物だったのだろうか。

しかし、どうやら、ここに老夫婦殺害の事実はなさそう。やはり噂か、と思いつつも、筆者は一応ウラを取るべく、後日あらためて地元警察への聞き込みを行った。そこで何と……。

この物件は、昭和四十年代に黒沢地区と成木地区を結ぶトンネル工事が始まると、工事にやってきた土木工事業者の父子が、たまたま空き家だったこの家を改装して勝手に住みついたという。その後、数年してトンネル工事がいきなり中断。それきり工事現場も封鎖され、仕事を失った父子もいなくなってしまった。

だが、さらにさかのぼること数十年前、峠の茶屋をこの場所で開いていた母娘が、酔って激情にかられた客に手斧で殺されていた場所であったこともわかった。逃げた母は現トンネル前で刺殺され、身寄りを失った娘は、どこかの施設へ引き取られていったという。

つまり、この物件は、家ではなくて、殺人現場となった茶屋そのものだったのである。噂よりもヒドイ事実……。ここはやはり呪われた土地だったのだ。心霊スポットなど、好きだが信じてはいなかった筆者は驚きを隠せなかった。

しかし、解せないのは父子が生活の痕跡を残したまま、突然行方不明になってしまっていることである。

ところがその後、近くに当時の工事関係者が現存していることがわかり、話が聞けるという情報が前出の地元トラック運転手を通じて筆者のもとに入ってきた。

以下は、その取材時の話である。

「あの場所で過去、何が起きたのか。それはみんなが理解していた。だけど、そんなこと工事に関係ないでしょう。

それから、あの家には小林（仮名）という工事仲間が住んでいたんだ。父子家庭でね、工事は八年の予定で、しかも子供が小さかったから、現場のすぐ隣に移り住んだんだ。だけど工事が始まって、四年後に子供が病死したんだよ。小林はそれで気力を無くしたのか、それきり仕事に来なくなっちまった。家も家具もそのまんまにして……失踪だな。

だけど、他の仲間たちも原因不明の病気に悩まされたりして、どんどん仕事を休んだり、辞めていく。まさかと思ったけど、一応、お祓《はら》いもしたさ。でも、みんな具合が悪くなってねぇ……。オレもそれで辞めたんだ。酒のせいだと思うけど、肝臓を壊して三年も通院してたんだ」

結局、この男が病気療養中に工事は止まった。工事をやりたがる者がいなくなり、工事監督者がついに現場を投げたのだった。この男は、呪いなどという存在を強く否定しながらも、〝もしかしたら〟という疑念をいまだに消せないでいる。

母娘を手斧で殺した酔客というのは、土木作業員の男であったという。

工事関係者を祟った母娘の怨念、そんな事実が見え隠れする廃墟であった……。

居間には扇風機や洋服、子供が描いた絵などが散乱していた。貧しいながらも親子で仲良く暮らしていた生活が偲ばれる。

子供用のぬいぐるみと玩具類。壊れた食器棚にも子供用の茶碗を発見。子供の推定年齢は四～五歳だったと思われる…。

廃墟探訪 巻末付録

末掲載物件お蔵出し!!

今回、本書で掲載できなかった廃墟の残り一部をここで紹介してみよう。ここにある廃墟も、どれも等しく思い出深いものばかり。また、新たな廃墟の旅に行ってきます!!

RUIN FILE No.38
場末のスーパーマーケット廃墟■千葉県千葉市

RUIN FILE No.39
目黒区の千坪豪邸廃墟■東京都目黒区

RUIN FILE No.35
オフィス街のアパート廃墟■東京都渋谷区

RUIN FILE No.40
精力減退・焼肉屋廃墟■神奈川県川崎市

RUIN FILE No.36
お屋敷町の地上げ系廃墟■東京都目黒区

RUIN FILE No.41
自殺の名所の豪農屋敷廃墟■群馬県藤岡市

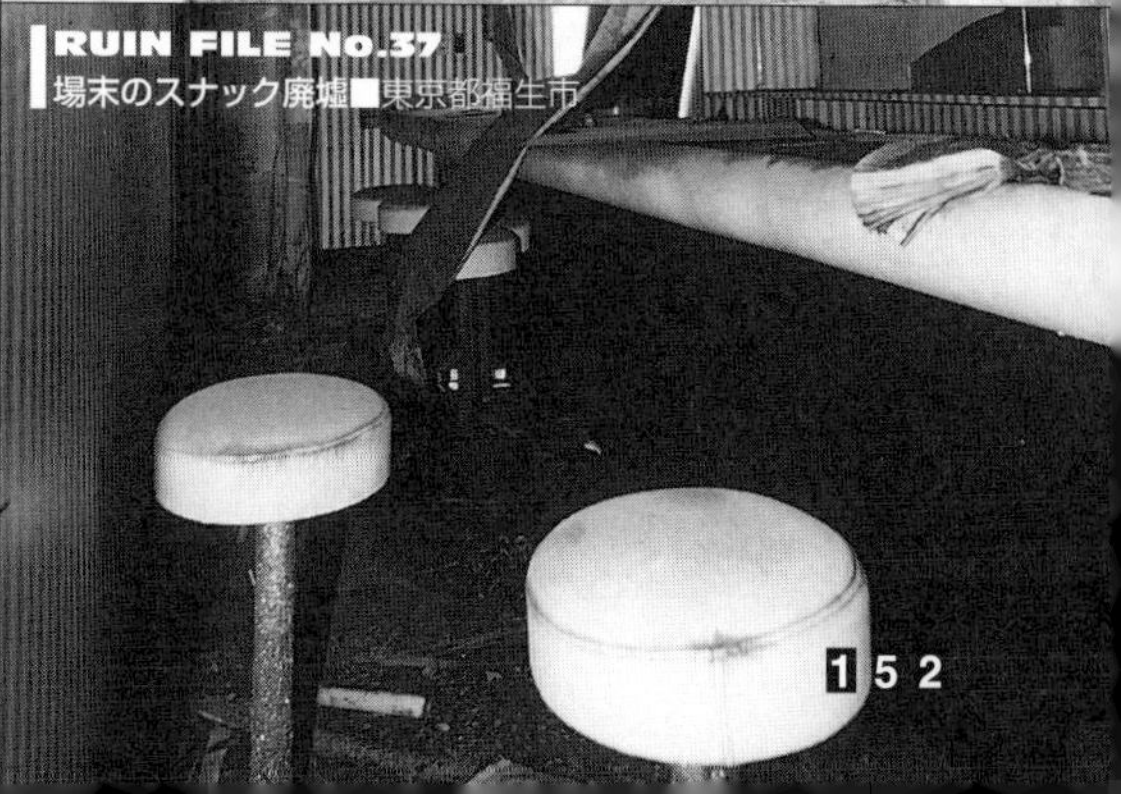

RUIN FILE No.37
場末のスナック廃墟■東京都福生市

RUIN FILE No.46
山間の一軒家廃墟■山梨県甲府市

RUIN FILE No.42
川辺の薄幸アパート廃墟■東京都渋谷区

RUIN FILE No.47
鎌倉幽霊屋敷廃墟■神奈川県鎌倉市

RUIN FILE No.43
横田基地米軍住宅廃墟■東京都福生市

RUIN FILE No.48
旧銀座線新橋駅廃墟■東京都港区

RUIN FILE No.44
川口のゴシック建築廃墟■埼玉県川口市

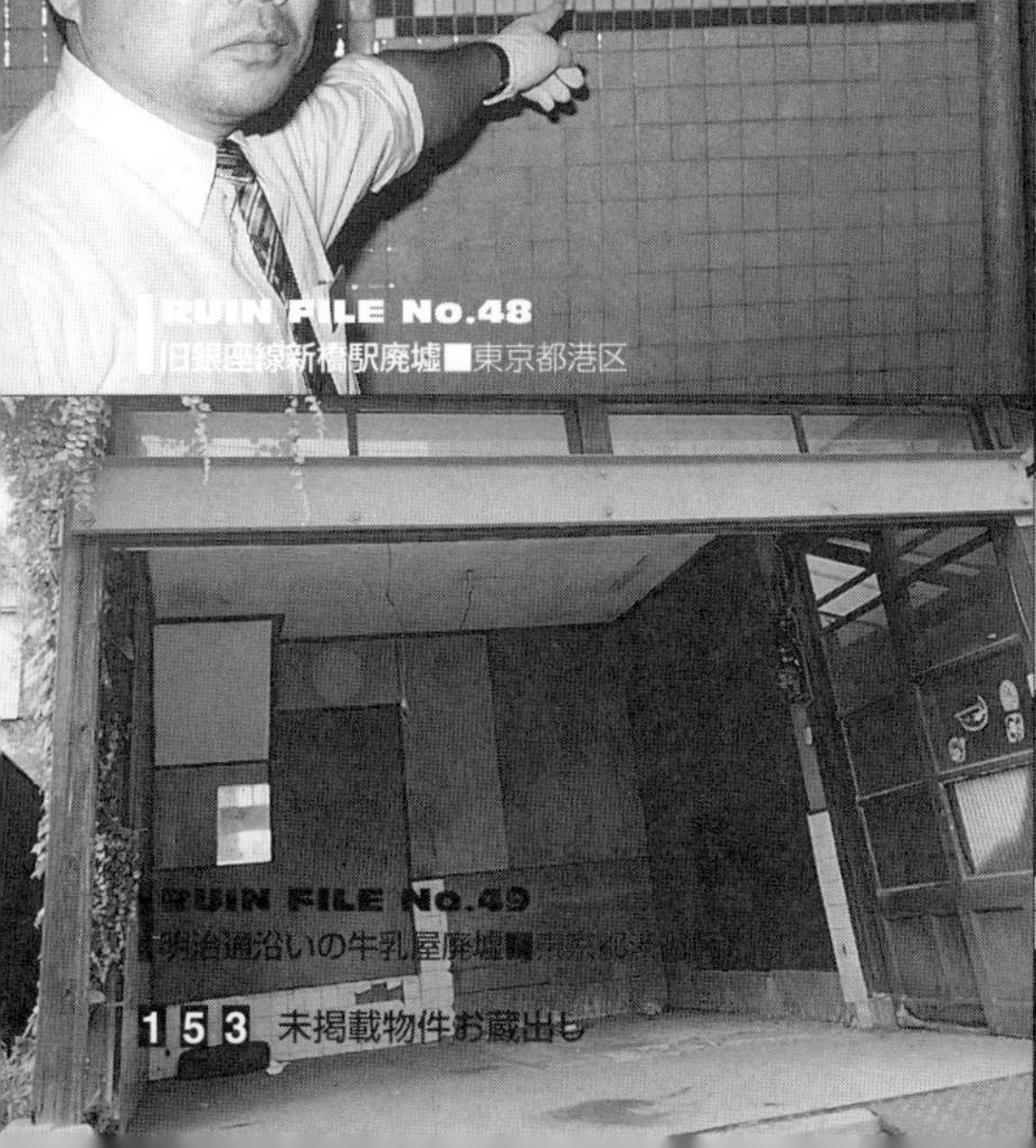

RUIN FILE No.49
明治通沿いの牛乳屋廃墟■

RUIN FILE No.45
ラブホテル街の幽霊アパート廃墟■東京都渋谷区

RUIN FILE No.54
スーパーいなげや廃墟■東京都練馬区

RUIN FILE No.50
国道沿いの酒屋廃墟■茨城県土浦市

RUIN FILE No.55
旧海軍連合艦隊総司令部地下壕■神奈川県横浜市

RUIN FILE No.51
住宅街のビジネスホテル廃墟■青森県弘前市

RUIN FILE No.56
ドリームランド行きモノレール廃墟■神奈川県横浜市

RUIN FILE No.52
荒海のマリンランド廃墟■徳島県鳴門市

RUIN FILE No.57
高級住宅街豪邸屋敷廃墟■東京都品川区

RUIN FILE No.53
トンネル横の幽霊ビル廃墟■東京都港区

RUIN FILE No.58
温泉街の飲み屋廃墟■静岡県熱海市

RUIN FILE No.59
卸問屋の倉庫廃墟■群馬県桐生市

RUIN FILE No.60
過疎町の飲食街廃墟タウン■茨城県[illegible]

RUIN FILE No.61
酔い潰れた一杯飲み屋廃墟■新潟県長岡市

RUIN FILE No.62
山村の温泉旅館廃墟■富山県魚津市

RUIN FILE No.63
高速沿いの割烹旅館廃墟■茨城県石岡市

RUIN FILE No.64
ファミリーレストラン廃墟■神奈川県三浦市

RUIN FILE No.65
消失のガソリンスタンド廃[illegible]川県横浜市

廃墟探訪

心霊現象、崩落、浮浪者との遭遇・廃墟で体験した不思議と危険の数々。出会った物件それぞれに、語り尽くせぬ出来事と思い出がある——。

82=ワンパットゴルフ廃墟■富山県高岡市
83=高級住宅街農家屋敷廃墟■東京都目黒区
84=三崎区検察庁廃墟■神奈川県三浦市
85=一等地のアパート廃墟■愛知県名古屋市
86=富士樹海高原レストラン廃墟■静岡県上九一色村
87=大垂水峠のラブホテル廃墟■山梨県甲府市
88=国道沿いのマンション廃墟■大阪府大阪市
89=喫茶店廃墟廃墟■愛知県名古屋市
90=魚頭姿山のロープウェイ廃墟■和歌山県和歌山市
91=海岸線の一軒家廃墟■和歌山県和歌山市
92=沼津のパチンコ屋廃墟■静岡県沼津市
93=繁華街の衣料品店廃墟■岩手県九戸郡
94=前橋の豪邸屋敷廃墟■群馬県前橋市
95=商業エリアの一軒家廃墟■神奈川県横浜市
96=漁村の網元廃墟■神奈川県横須賀市
97=速水のドライブイン廃墟■神奈川県横須賀市
98=富津岬の一軒家廃墟■千葉県富津市
99=通天閣下の日用雑貨品店廃墟■大阪府大阪市
100=東松山のラブホテル廃墟■埼玉県東松山市
101=コリンズビル廃墟■東京都新宿区
……and many many Others!

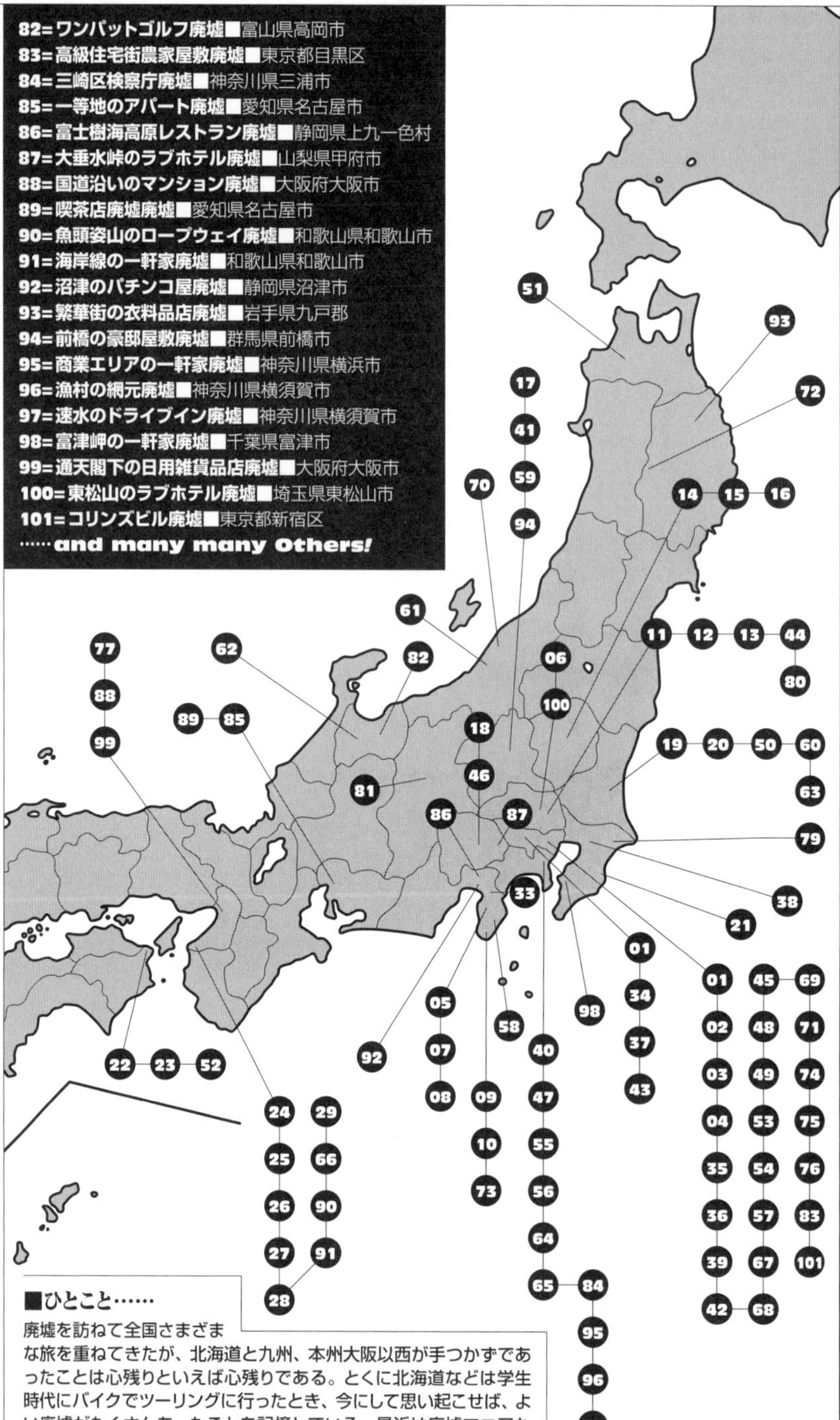

■ひとこと……

廃墟を訪ねて全国さまざまな旅を重ねてきたが、北海道と九州、本州大阪以西が手つかずであったことは心残りといえば心残りである。とくに北海道などは学生時代にバイクでツーリングに行ったとき、今にして思い起こせば、よい廃墟がたくさんあったことを記憶している。最近は廃墟マニアも数多く増えたことなので、残りは彼らの報告を待つことにしよう。

廃墟探訪マップ

01=高台のサイコアパート廃墟■東京都八王子市
02=練馬の浮浪者製造廃墟■東京都練馬区
03=戦慄のマンション廃墟■東京都豊島区
04=東大隣りの高偏差値廃墟■東京都渋谷区
05=帝産伊豆大仁金山■静岡県田方群
06=岩窟ホテル高壮館廃墟■埼玉県東松山市
07=大滝冥土ランド廃墟■静岡県加茂郡
08=失楽のヘルスセンター廃墟■静岡県田方群
09=燃えたドライブイン廃墟■静岡県下田市
10=デンジャラス・ホテル廃墟■静岡県下田市
11=打ち止めのパチンコ屋廃墟■埼玉県本庄
12=凋落のボウリング場廃墟■埼玉県本庄市
13=川口の寂しき一軒家廃墟■埼玉県川口市
14=薄幸のビリヤード場廃墟■栃木県今市市
15=鬼怒川のモーテル廃墟■栃木県矢板市
16=蔵造りのアパート廃墟■栃木県栃木市
17=伊香保山中大型病院廃墟■群馬県渋川市
18=湖畔沿いの観光旅館廃墟■山梨県南都留群
19=不思議な風俗サウナ廃墟■茨城県鹿島郡
20=水戸のソープランド廃墟■茨城県水戸市
21=リバーサイドホテル廃墟■千葉県香取郡
22=鳴門の展望台ホテル廃墟■徳島県鳴門市
23=倒壊寸前の保養施設廃墟■徳島県鳴門市
24=巨大な宇宙回転温泉廃墟■和歌山県和歌山市
25=和歌浦娯楽の殿堂廃墟■和歌山県和歌山市
26=静寂のサナトリウム廃墟■和歌山県和歌山市
27=リアリズムの貧乏旅荘廃墟■和歌山県和歌山市
28=お金持ちの高級別荘廃墟■和歌山県和歌山市
29=和洋折衷五つ星旅館廃墟■和歌山県和歌山市
30=戦場と化したホテル廃墟■沖縄県中頭郡
31=世界初政府公認海上廃墟■沖縄県国営沖縄記念公園内
32=グアムメモリアル病院廃墟■グアム島タモン地区
33=女の衣類舞う狂気のホテル■静岡県田方郡函南町
34=青梅の呪われた一軒家廃墟■東京都青梅市
35=オフィス街のアパート廃墟■東京都渋谷区
36=お屋敷町の地上げ系廃墟■東京都目黒区
37=場末のスナック廃墟■東京都福生市
38=場末のスーパーマーケット廃墟■千葉県千葉市
39=目黒区の千坪豪邸廃墟■東京都目黒区
40=精力減退・焼肉屋廃墟■神奈川県川崎市
41=自殺の名所の豪農屋敷廃墟■群馬県藤岡市
42=川辺の薄幸アパート廃墟■東京都渋谷区
43=横田基地米軍住宅廃墟■東京都福生市
44=川口のゴシック建築廃墟■埼玉県川口市
45=ラブホテル街の幽霊アパート廃墟■東京都渋谷区
46=山間の一軒家廃墟■山梨県甲府市
47=鎌倉幽霊屋敷廃墟■神奈川県鎌倉市
48=旧銀座線新橋駅廃墟■東京都港区
49=明治通沿いの牛乳屋廃墟■東京都渋谷区
50=国道沿いの酒屋廃墟■茨城県土浦市
51=住宅街のビジネスホテル廃墟■青森県弘前市
52=荒海のマリンランド廃墟■徳島県鳴門市
53=トンネル横の幽霊ビル廃墟■東京都港区
54=スーパーいなげや廃墟■東京都練馬区
55=旧海軍連合艦隊総司令部地下壕■神奈川県川崎市
56=ドリームランド行きモノレール廃墟■神奈川県横浜市
57=高級住宅街豪邸屋敷廃墟■東京都品川区
58=温泉街の飲み屋廃墟■静岡県熱海市
59=卸問屋の倉庫廃墟■群馬県桐生市
60=過疎町の飲屋街廃墟タウン■茨城県鹿島郡
61=酔い潰れた一杯飲み屋廃墟■新潟県長岡市
62=山村の温泉旅館廃墟■富山県魚津市
63=高速沿いの割烹旅館廃墟■茨城県石岡市
64=ファミリーレストラン廃墟■神奈川県三浦市
65=消失のガソリンスタンド廃墟■神奈川県横浜市
66=整体診療所廃墟■和歌山県和歌山市
67=カンボジア大使館■東京都港区
68=湯冷めした銭湯廃墟■東京都台東区
69=京成線上野動物公園駅廃墟■東京都台東区
70=アクアピア新潟廃墟■新潟県新潟市
71=駐車場内の不思議な一軒家廃墟■東京都葛飾区
72=松尾鉱山廃墟■岩手県松尾村
73=白浜の海の家廃墟■静岡県下田市
74=中野病院廃墟■東京都中野区
75=イタ飯レストラン廃墟■東京都文京区
76=港区一等地のビル廃墟■東京都港区
77=浪速の簡易宿泊所廃墟■大阪府大阪市
78=ホテルH沖縄進出計画頓挫廃墟■沖縄県那覇市
79=悪霊退散！お札の家廃墟■千葉県鎌ヶ谷市
80=商店街の民家廃墟■埼玉県川口市
81=塩尻峠の病院廃墟■長野県上伊群

あとがきにかえて

すべての道は廃墟に通ず

21世紀になって数年経ったが、近未来SF小説で読んだような未来はついにやってこなかった。ジオフロント、海底都市、宇宙ステーション……最先端のテクノロジーが人間社会と調和したその豊かな21世紀。逆に世界はあたかも時代が巻き戻されているかのような逆境にあえぎ、日本もその低迷からいまだ抜け出せずにいる。観光地や市街地では倒産や店閉まいによって死屍累々と多くの店が死に絶え、不良債権は手つかずの廃墟となった。現実にやってきた未来は、かつて思い描いた眩しいほどに華やかなものではなく、荒廃に埋もれる無人の廃墟世界だったのである。

生きている者はいずれ死に、形ある物はいつか壊れる。この言葉は諸行無常の真理を教えている。して考えれば、確かに来たるべき未来はそのすべてが廃墟になっても不思議ではない。すなわち、廃墟を見ることは未来を見ることに通じ、廃墟を体験することは未来を体験していることになる。我々は昔日の残骸に身を置いていたはずなのに、実は未来のなかにいたのであった。廃墟は、こうした時間のパラドクスをも幻視体験させてくれる。

そしてまた、廃墟は美しい。街の喧噪のなかの寂寞とした空間、あるいは静寂のなかの究極の孤独――。我々が廃墟美と名付けて呼んだ、その朽廃のオブジェはどれも等しく美しかった。中世の廃墟趣味やルーインの美学では、「素晴らしい建築物は廃墟になっても素晴らしい」と教えているが、筆者は身近にあるうらぶれた一軒家にも美は宿るものと考えている。廃墟は自然風化だけでなく、人為の破壊行為のなかにも荒廃の美学を見ることができるのだ。

そして、廃墟は教えてくれた。栄華のはかなさや人生の無常、社会の病巣や経済の不条理を。廃墟を見て、甘美だがどこか切ない気持ちにさせられるのは、廃墟に自分自身の行く末を映して、いずれはこうなることを教えられているからなのだろう。来るべきその向こうの未来、世界のすべては廃墟になる。そしてその未来は、そう遠くない未来かもしれない。

すべての道は廃墟に通ず――我々は、これからも廃墟を訪ね、耽美に楽しみ、哲学に楽しみ、推理に楽しみ、恐怖に楽しむ旅を続けていくつもりだ。

最後に、本書のきっかけを与えてくれた比嘉健二ミリオン出版編集局長、坂茂樹『GON!』編集長はじめ取材に同行してくれた編集部の方々、編集作業に理解を示し多くの助言を与えてくれた二見書房の浜崎慶治編集長、本作りで共に闘ってくれた片野吉晶氏、カメラマンの関根虎洸氏、中筋純氏、そして本書を手にとって下さった読者の皆さまに深く感謝したい。

――2002年10月　中田薫

廃墟探訪

［著者］中田薫

［発行］株式会社二見書房
〒112-8655
東京都千代田区神田神保町1-5-10
TEL.03-3219-2311（営業）
TEL.03-2319-2316（編集）
振替00170-4-2639
［印刷］図書印刷株式会社
［製本］ナショナル製本協同組合
ISBN978-4-576-02192-8

諸行無常